有願就有力！

敬獻給所有在困境中不願放棄的人生旅者。

旅行的自我療癒

古[illegible] 著

許一個願，
今生好好活。
有願就有力！
敬獻給所有在困境中不願放棄的人生旅者。

【目錄】

【目錄】

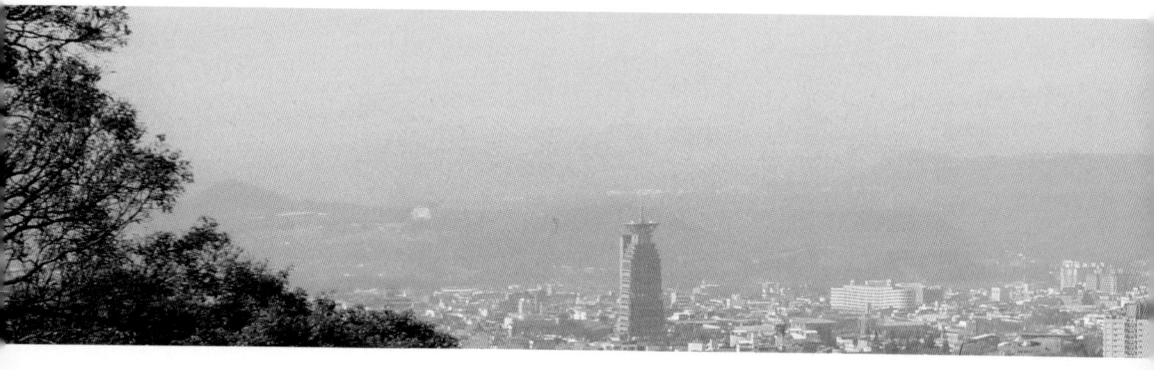

推薦序一

旅行的生命教育

帶著一絲亦師亦友的心情，褪去一筆似莊似諧的態度，一路在僑生、外籍生的輔導圈子打轉，近年因政府開放陸生來臺就學。戲稱的「管轄領域」，又加入了陸生。

三十多年來在這領域優遊，學生的事務，除了例行業務外，總有想像不到的事情會不時招呼自己，而首次被請託為一本書寫些鼓勵字語，內心誠是驚喜又惶恐，所幸拜讀之後，稍作底定並轉眼間即融入情景，置身在那旅行者的生命韻律。

錯過下班時刻，乾脆起筆，反復咀嚼書名《因愛之名：旅行的自我療癒》，引發我無限悸動，離鄉遊子面臨生命瓶頸的「心情故事」，一幕幕浮現腦海，而本書呈現了「走出自己，回饋社會」的價值，也是我個人職涯一直努力追求的工作目標。它似乎印證了日常中，我們告訴同學要「面對」和「接納」自己的勇氣，但談何容易，殊不知本書隱喻多少個念頭的轉換，歸納為「心靈勵志」類，更是旅遊書籍的另番創意天地。

本書最受感動之處，在於它有著旅行本質的邂逅，有著鄉誌考證的精神，有著文字駕御的熟練，有著景點人物的趣味，有著心理論述的融入，有著生命反哺的省思，有著土地愛護的真實，更有著陸生求學的別緻。

個人誠摯的推薦：它將是生命教育的最佳生活教材和經典之作，值得細讀品味。

國立臺灣大學
僑生與陸生輔導組主任
周漢東

推薦序二

旅行：真實地面對自己

我喜歡，也經常一個人去旅行。
我的旅行，其實是一種出走、一種自我沈澱的方式。
誠如這本書所說的，
重點不是「去哪裡」，
重點是「當下」我與自己，安靜地、在一起。
繁忙的現代人想要停下來，都很難了，更別說，要安靜地跟自己相處，
現在的人，缺乏一種獨處的能力，
於是，人，不快樂，生病了。
來到我諮商室的個案，大都是如此。

旅行，創造一種「移動」、一種改變，
讓我們可以暫時脫離一成不變的生活、僵化的體制，
在旅行的出走中，
讓我們得以「真實地面對自己」，
跟自己的心，做深深的對話與反思，

因此，
旅行其實也是一種自我療癒、一種愛自己的方式。
這本書作者說著自己旅行的故事，很好看、很容易懂，
從他旅行的故事中，你也會看見自己，
期待你看完了這本書，
也可以帶著自己，走出去，去旅行。
這會是一件美好的事。

心理諮商博士
敘事私塾帶領人
《擁抱不完美》作者
周志建

推薦序三

走過千山萬水，遇見最重要的那個人

正在旅行的我，收到了一本關於旅行的書。

阿拉斯加雪山正澄淨地映照著蔚藍的晴空，千萬年冰川的恢弘壯麗靜靜震撼了每一個旅者的心。置身於秀麗雪山和宏偉冰川間，我收到一個青年學子獨自行走過台灣千山萬水的好書，遠從太平洋另一端透過網際網路寄抵阿拉斯加。正在遠方旅行的我，讀著俊鋒在我的故鄉一步步走過的足跡，阿拉斯加北國自然風光和台灣南國的人土風情，就這樣奇妙地交織在一起。

很喜歡俊鋒在書中說的一句話，「旅行，是一次給自己出走的機會，是一段找回自己初心的路途。」我曾經行走過日本京都的清靜幽雅、奧地利維也納的人文薈萃、德國新天鵝湖堡童話般的夢幻、加拿大洛磯山脈的壯麗、柬埔寨吳哥窟的神奇瑰麗，還有一個很遙遠但讓我終身難忘、魂牽夢縈的地方——南美洲秘魯的印加古城馬丘比丘（Machu Picchu）。每次的旅行，往往都不只是身體走了出去，到了不一樣的地方，看到了不一樣的美景，心靈彷佛也像是到了一個異次元時空旅行，許多生活中的柴米油鹽醬醋茶，都暫時被拋到腦後了。有些沉澱了的往事或許會再掀波瀾，有些沉寂了的夢想或許會再次蠢蠢欲動。當外在的景象如鏡花水月般流過時，內在的自己彷彿像是山林中一塊不知名的石頭，被涓涓清流洗淨了，露出最初的姿態，自在而圓滿。

俊鋒又說，「以愛之名」。身為俊鋒台大心理學研究所的學姊，我略知俊鋒走過的愛情路，這趟心靈之旅促成了他這次的台灣獨行，催生了這本書。當旅者行走在旅途上時，我們常常忘記的是，人生，何嘗不是一趟蜿蜒崎嶇的旅程？愛情，對許多人來說，是其中特別難行的一段。許多電影、小說中精心刻畫的兩情相悅、至死不渝，在統計的理性分析下，可能到頭來只是異數（outliners）。世上一廂情願的愛情可遠比兩情相悅的愛情多多了。證據？只要張開眼睛看看周遭的人，就可以得到統計顯著的結果。換言之，一段如靈魂伴侶般的完美愛情，或許需要經過許多失敗才會得到，有時這樣的失敗甚至橫跨了許多世的追尋。

心理學強調人要有「心理彈性」，戀愛何嘗不是！所以，我對俊鋒說，能夠兩情相悅當然是最好，不行的話，退而求其次，和對方做一輩子的好朋友，至少可以繼續欣賞對方。而且，現在的挫折，說不定會讓你更加成長，更有智慧，說不定還會為你催生一本新書呢！言猶在耳，他就遞出了這本稿子，要我幫忙寫序。

人生的失與得，往往要在更大的時空下被理解。在這趟名為「人生」的旅程中，有悟性的人終究會慢慢體悟出來這個道理。「失之東隅，收之桑榆」，或許聽起來像是陳腔濫調，但對於擁有豐富生命經驗的人來說，面對當下情境，往往是盡在不言中，那是經過歲月洗禮的沉澱和光華。換言之，人生一段段的旅程有著不同的酸甜苦辣，或許這就是上天靜默的暗示。透過遠方旅行，以及我們的用心聆聽，「天啟」（apocalypse）本身就會慢慢揭露它自己。當我們對人生有了更多的了解，我們似乎也更接近了自己。俊鋒這本「以愛之名」的旅行之書，講的就是這樣的一個故事。

俊鋒在書中開玩笑說道，本來希望旅途中會有豔遇，但沒想到這對象竟是自己。人生的旅途中，我們和其他靈魂所激盪出的火花，的確可以十分燦爛輝煌。但是，最大的豔遇，最重要的那個人，卻是您凝視鏡中看到的那個人。如俊鋒所說，「只有找回自己的魂魄才有可能認回自己。」當我們認回自己時，就能珍惜兩個人在一起的片刻，也能享受一個人自由的時光，這方是自在啊！

行筆至此，我抬頭遙望，看到阿拉斯加天際的雪山依舊挺拔聳立，皚皚白雪透露著神秘的氛圍，而天空依舊是萬里晴朗，山中冰川依舊是千萬年不融。丹奈利峰（Denali）是北美洲最高峰，海拔超過六千公尺，北美原著民語言中的意思是「偉大的那一個」（the great one）。如果從地平面起算高度，則是全世界第三高峰。它真的好美，當阿拉斯加群山都已經融化在炎炎夏陽中，丹奈利峰依舊有著千萬年不融的冰雪，帶著一抹神秘的絕世容顏，遺世而獨立。在外在世界裡，我跋涉了千山萬水，來到了這聖潔無暇的雪山。在內在的世界，當我凝視那雪山的莊嚴時，似乎也瞥見了自性的光輝，有了這次旅行最大的豔遇。

日本知名文學評論家廚川白村曾說過：「沒有像修道院僧人一般純淨的心，是不可能得到真正的愛情的。」無論是千山萬水的旅行，或是我們生命的旅行，最最重要的或許是，在繁華落盡後找回那顆純淨的心，和內在的自己有最大的豔遇。沒錯，每個人都活在人際關係中，但是最重要的出發點，卻是一顆宛若阿拉斯加雪山般純淨的心。外在的一切，經由機緣和努力，自會水到渠成。俊鋒的書，讓我感到了這樣的追尋。現在，您何不翻開扉頁，和他一起走過這個令人感動的旅程，瞥見內在自己的絕世風華？

卓悅企管顧問公司 總經理
台灣大學心理學研究所 博士生
美國加州大學柏克萊分校 企管碩士
周佳敏

推薦序四

勇敢飛翔、自我面對
體驗、沈澱、反思、累積

生命的厚度在於不斷從生活體驗的沈澱與反思中累積。旅行在每一個人的生命中都會存在，不管你的身份地位、貧賤富貴、年齡性別，只是旅行對於每個人而言，所代表的是兩個字的意思、生命中的體驗、或是生活的一部分。人們可以選擇轟轟烈烈、熱熱鬧鬧的旅行，也可以輕鬆自在、安安靜靜，亦可以是一趟孤獨之旅，從旅行當中完成自己的夢想、自我的期許、生命中的積累、自我的面對。每一個旅行的過程與型態都是自己的選擇，而所有過程的感受與發現也在於個人身上，即使是同行的夥伴與伴侶也未必可以擁有同樣生命的感受、心情與省思，因為每一個人都是獨特的個體，有著不同的生長環境與生命歷程的體驗，所產生最獨特與私密的自己。然而內心最深處的自己，隱含著生命中無法承受之輕重。

在俊鋒《以愛之名：旅行的自我療癒》一書中，除了將這段旅途中的風土民情與歷史發展做了介紹之外，最重要且深刻的內容在於自我的剖析，以及在面對自己深處的創傷與情結中，如何重新面對與看待的歷程。並以自己為核心，開始一場自我對話與療癒的過程。在過程中看到俊鋒透過旅行的歷程、自然環境的領悟，重新檢視自己內心深處對於親情、愛情、友情和自我之間的看待與關係。透過旅行的過程所勾起對家的思念，也省思自己與家之間的關係，更擴及至面對自己在感情的創傷與復原。原來旅行也可以成為自我充權（empowerment），以及復原力的展現。

這幾年因為工作關係，開始獨自搭機出遠門，到不同的地方。每次的行程，對自己而言就是不同的旅行產生，而獨自在各個不同地方的街頭漫步，觀察著每個城市或社區的脈動，思索著人們的生命故事與生活中的小確幸，並將自己安身立命在當中，享受孤獨的感覺，卻從未像俊鋒一般反思自己的內心，重新檢視自己的過往，並找出生命的遺憾與缺陷，或透過旅行的體驗，面對自己，並反思自己與身邊週遭人、事、物的過程。而從此書中隨著旅行的過程與反思的歷程，也進入另一段自我對話的過程，不僅是透過書與作者的對話，也開始回顧自己的生命歷程與對話。

一個人的旅程固然有一份淒涼與孤獨感，但旅途中更能見到自己的脆弱與微小。看似孤獨的旅程，實際上未必真正孤獨。因為在旅行過程中，總有各種緣份的聚集，不論是緣深緣淺，其對生命具有同樣的意義與價值。但是要完成從事這趟獨立面對與完全陌生且艱辛的旅程，需要有勇氣。而在旅行中重新面對自己，並分享，需要有自我的從容。而這份自在與從容是作者在旅行過程，所產生自我療癒過程的成果。當人可以面對孤獨且怡然自得時，將不再有所畏懼，因為一旦清楚且明白自己的心與感受時，可使自己更勇敢與能力面對困難與挑戰。而旅行所帶來的是自我的學習與成長，或許不是每個人都必須和俊鋒走同樣的旅行路線，但是每個人都可以選擇透過旅行而勇敢飛翔，找到自我的原心與追夢。

社團法人中華組織發展協會 秘書長
吳佳霖

代序
題　以愛之名

我常常在想，為什麼人會忘記自己的視角，一味去模仿別人呢？

我們本來就是距離月亮最近的人，卻為何視而不見？

我們本來就是距離流水最近的人，卻為何聽而不聞？

水月鏡花，心安何處？

關於旅行這回事

這本書講的是一個人旅行的故事，然而當我們在說「旅行」的時候，我們都在談論些什麼呢？

結幾個伴，一塊上路，說說笑笑，看過許多的美女，遇過許多的路人，拍過許多的照片，留下許多的記憶，總之旅行是一件美好到讓人垂涎三尺的事情。

有時候，臨近長假的時候，心都會開始躁動不安，伴隨著長假的出行總是相較於當下辛勞的工作有著太強烈的吸引力，恨不得趕快把手頭的工作結束奔向自由的旅途。可是，真的自由了嗎？

在網路上搜尋著旅行的行程，在遊記裡找尋著旅行的攻略，從「去哪裡」到「看什麼」到「吃什麼」，一一都已了然於心，躍然紙上；按圖索驥，不斷地驗證著攻略裡的真假，不斷地體驗著攻略裡的美景，品味著攻略裡的味道，怡然忘卻這是誰的旅行。如此的旅行，細細思來，又與工作何異？

權當是自己做了一回自己老闆，自己給自己量身訂做了一個任務去完成，從一個工作換成另一個任務，繼續奴役著自己的身體。每每到旅行的尾巴時，總是會聽到苦痛的掙扎，感到身體的疲倦，以及對假期的留戀，對工作的厭倦。似乎旅行並沒有給予自己更好奮鬥的力量，而是用另一種形式消耗著自己的能量；似乎旅行成為了我們生活的一種例外調味品，豐富了口舌之後，記住了調味料的味，忘了生活的原味。

為什麼旅行就不能是生活的一部分呢？這就如水中月，鏡中花，它們是距離我們如此地近，近乎唾手可得；旅途中的人，旅途中的景，旅途中的食，它們也並不是僅僅在旅途之中，它們近乎就存在於你我的身邊，這些旅途中的一切在那裡的人們看來是如此平常。同樣的，我們周遭的平常之物在那些旅途中的人來講又是多麼地別具旅途的風味。可是縱使有這般的空靈幽深，縱使有這般的萬千滋味，沒有把「心」安放在此，又怎能體會到？

旅行，不是「go there」（到那裡去），而是「be here」（在當下）；旅行，不在於它要有多遠，沒有誰定義了旅行的距離；旅行，不在於它要有幾人，沒有誰安排了旅行的人數；旅行，不在於它要有多久，沒有誰設定了旅行的時間。

你可以背上跟你人一樣高的登山包上路，你也可以帶上你的小斜包出門；你可以跨越大洋到彼岸的陌生之地，你也可以過個橋拐個彎來到家旁邊的巷子口；你可以用年的單位記錄旅行，你也可以用一天的時間完成旅行。旅行，是很簡單的一件事情，穿上鞋，打開門，便可開始一段屬於自己或長或短的旅途。

旅行，是一次給自己出走的機會，是一段尋回自己初心的路途，更是一齣讓自己更好回歸當下的局。一個人的旅行，跟著自己的靈魂上路，更是如此。平日車水馬龍的生活，難得有個時間，難得有個空檔，可以好好地跟自己的靈魂閒聊上幾句，問問它的近況，好好地關照自己的心。

旅行，何嘗又不是修行？平日裡的倔強，平日裡的逞強，平日裡的傲氣，平日裡的虛假，都可以在自己的旅行中卸下，如實地看待自己。可是戴久了的面具又怎能輕易地摘下？旅行，可以是在找回真心的修行，方法不難，正如聖嚴法師所言，一語貫之惟八字——「身在哪裡，心在哪裡」，把心安放在身所在的當下，認回自己來的路，找回自己的初心。

關於旅者那個人

這本書和許多的旅行筆記一樣，寫的是一段旅途的故事。可是……

這個旅者有點奇，這不是他的第一場旅行，也不是他的第一個田野，但卻是他第一次的一個人的旅行。多年奔波在人類學的田野調查場域，讓他害怕了旅行，已經忘記了如何旅行。走馬觀花的獵奇已經不能滿足於他，深入肌理的瞭解又是旅行所不能承受的重，雖然他已經不安於成為一個觀光客，然而他也無法用田野的方式旅行。多年面對著鏡頭下一張張緊張而敏感的表情，讓他害怕了拍攝，也已經忘記了如何拍攝。每一次帶上相機上路，猶如帶著鋒芒畢露的刀槍在身，他害怕無知地拿著鏡頭掃射過無辜的村落，所以他很想放下這份害怕，在一個自由的旅途中不為工作也不為資料而是為自己按下快門，但已有太多隨著旅行遊記的導引下拍攝的那些千篇一律的景與物，少他一位這樣的跟風粉絲也相差無多。

這個旅者有點宅，典型的牡羊座，衝動是他的本性，卻又常常落於三分鐘的熱度。他很愛旅行，很羨慕行走在荒漠戈壁的孤影滄桑，很羨慕跨越在不同地緣的自在身影，很喜歡躺在榻榻米上看高木直子的《一個人的旅行》，很喜歡戴上大大的耳塞把耳朵緊緊包裹著聽陳綺貞的《旅行的意義》，憧憬著自己也能夠勇敢地開始一次一個人的旅行，但天生悲觀主義的牡羊座總是喜歡凡事瞻前顧後，要麼猶豫到熱度掉落在冰點，旅行不了了之；要麼把各種不安全的處境想盡，杞人憂天到寸步難行。然而這個牡羊座的旅者明白他需要一場改變，雖然不知道旅行會帶他到何處，所以他最終並沒有想像中那麼勇敢堅定地踏出那一步，而是懷著戰戰兢兢的茫然在某天早晨倉促地逼著自己上路。

這個旅者有點怪，簡直就是少了一根筋，沒有任何的長途跋涉經驗，沒有任何的野外紮營經驗，捆上了帳篷，背上了登山包，選擇寒風瑟瑟的深冬上路，還用凍僵的雙手駕駛著機車一路穿行在飛石常落的橫貫公路上，甚至還膽大到就這樣赤裸裸地陪著機車翻過了大雪中的合歡山，連他自己回頭來看都覺得有點兒瘋。可是當初他的四肢如被綁上了重重的鉛塊，沉重到他自己都不曾知曉下來的路該往哪裡走，因為曾經有一段熾熱的愛把他幾近燒為灰燼，他明白他再不出發，這段旅行就不會再有。**前路是黑漆的，旅者相信只有改變才可能望見燈塔，只有找回自己的魂魄才可能認回自己。**旅行不會告訴你它可以帶給你什麼，連它自己都不知道會引你走向何方，但是最起碼旅行是一條可能的救贖之路。

關於讀者這個人

這本書，是旅者自我療癒的生命故事，透過文字的溫度與讀者分享旅行中的生命疑問和體悟，透過文字的力量與讀者共同見證「一個人的旅行是可以如此簡單，一個人的旅行是可以如此精彩」。

以愛之名，給自己一個旅行的意義。生活中，除了愛親人、愛朋友、愛路人，還記得容易被遺落在角落的自己也需要愛嗎？愛自己並非是一件很自私的事情，而是一件義所當為的事情。有太多的人需要我們去關照，有太多的人值得我們去愛，可是往往我們在關照他人和相愛之中忘卻了的是自己，忘了自己也需要關照和愛護。**你不可能給別人你身上沒有的東西，當連**

自己都沒有被關照好，當連怎樣愛自己都沒有學會，我們又談何去給予別人關照，給予他人愛呢？只有生命才能抵達生命，只有當我們用自己的全心去滋養自己的生命，用自己的全心去感受自己的生命，我們才能有力量去抵達生命，我們才能有敏度去感觸生命。

愛，是我們與生俱來的能力，卻又是我們最容易遺失的部份。當我們在談論「愛」的時候，似乎我們都在談論著「愛」後面的他人。有時，我們急切於想方設法去愛別人，去關照他人，甚至迫不及待地希望對方能夠感受到自己熱騰騰的愛，好讓自己內在的卑微小孩從這種付出的成就感中得到一點點的價值感，殊不知，這讓內在的卑微自我越發地強化，只是在不斷地付出和討好中收穫聊以慰藉的價值感；有時，我們寂寞難耐，渴望著得到別人的關照，渴望著得到他人的愛，甚至焦躁不安地讓自己表現得更好讓人愛，好讓自己內在的卑微小孩從這種被愛的舒適感中得到一點點的存在感，殊不知，這讓內在的卑微自我越發地強化，越是在不斷地渴望被愛中收穫時有時無的存在感。

這正如戀愛中的男女，一方渴求著對方可以給予自己安全感，讓自己可以更有信心地佔有這份感情，盡情地享受其中的喜樂，殊不知，當向外求安全感的時候卻是最為不安全的行為，也是最不具安全感的表現，一句深情的表白，一句誠懇的承諾，一句終生的誓言，真的就能夠給予一個人十足的安全感嗎？

一個人，如果沒有學會如何關照自己、如何愛自己，就如一個空心的球，一捏就會癟，一碰就會碎，更何來安全感？每個人心中都住著一個卑微的小孩，當我們重新找回他，面對他，接受他，用滿全的心去關愛他，才能夠救贖他。

旅行，作為一種方式，它可以讓人有新的視角來看待自己，淋浴在自然之中與自己對話，遊走在人際之間與自己對話。生活中，莫名生發的情緒，半夜無法安睡的失眠，雨季黯然迸出的憂鬱，往往是那些被我們日以續夜重複著的忙碌腳步或是遺忘或是掩蓋的傷口在發炎，雖然這些曾經我們遭受的傷口小到容易被輕忽，雖然這些曾經我們遭受的苦難大到故意去忽略，可是它們並沒有消失，而是一直在那裡。旅行作為一種自我的療癒，無需刻意去找答案，用方法，把心安放在身所在之處，過程中的人、物與事都可以成為良藥，他們不說道理，卻讓你更認識自己。

關於書寫這動作

這是一本平凡的書寫旅行片段的小書，每一個生活中的人都可以成為它的書寫者。無奈的是，生活中有太多的零星瑣碎之事，消磨掉了書寫的時間；有太多太強濃烈的刺激物，鈍化了自然的觸覺；更有太多人與人的比較，掩蓋了純然的自在。

常常能夠聽到身邊的朋友說，好忙好忙，白天忙上班，晚上忙應酬，好不容易放假出遊，又忙著跑景點拍照片買伴手禮，已經夠累了，怎麼會有時間靜下心書寫呢？臺灣大學的校園裡放著一口樸實無華的傅鐘，它沒有奪目的色彩，也沒有巧人的設計，它雖陋卻神而名，因為它跟其他的鐘不同，它只敲二十一響，警醒著走過的莘莘學子，請把剩下的三小時好好留給自己的思考。生活亦是如此，為什麼要吝嗇到不留點時間愛自己呢？

書寫其實並不是一件很難的事情，它不需要你有多麼驚人的才思，它也不需要你有多麼華美的筆觸，它更不需要你有多麼炫麗的篇章，只需拿起一支筆、打開一張紙，或是關掉電腦的所有視窗，唯獨留下空白文檔。如果被整日的走動弄得躁動，何不先放來一首沉澱身心的輕音樂，配上一段深呼吸，放空自己的大腦，用最為柔情的話語安撫忙碌了一天的大腦，慰藉煩動了一天的身心，再深深地吸進一口氣，而後慢慢地吐出，不要再繃緊了神經，不要再繃緊了軀體，放開一切的束縛，感受著全身肌膚間緊繃——鬆弛的覺受。在進出來回的呼吸中，好好想想，今天你都碰到了哪些事，遇見了怎樣的人，感受了如何的情緒，待到音樂停止的時候，慢慢睜開你的雙眼，書寫吧！給自己設定一個時間，三分鐘，五分鐘，七分鐘，……，不要讓筆停駐，不斷地書寫，有什麼想法就讓它放肆在紙上，有什麼情緒就讓它宣洩在紙上，沒有的空白也可以讓它記錄在紙上，用你喜歡的文字，挑你喜歡的顏色，畫你喜歡的圖案，用最真實的自己做一個最威的寫手，讓這些紙片保存在未來的某一天，可能是一星期，可能一年，也可能是一輩子，它們會陪著我們一起走過，不再孤獨。

經常可以看到週末的夜店總是人潮擁擠，深夜裡燈紅酒綠處有無數湧動的身影，更經常可以看到行走在街頭巷尾抽著煙的一群群，平日我們除了工作依舊是工作，都快成為了生產線上的零件，已經好久好久沒有像小時候那樣，笑過，開心過，不知不覺中我們被奴役到喪失了敏銳的感官。不是生活遠離了我們，或許是我們走遠了生活，長大了就習慣了用腦袋去思考去計量，漸漸地忘記了那些年用心去感受的純真。生活並非如此般無趣，生活有著它的自然與甜美，只是長久來人們不斷地添油加醋，越放越多，已經失卻了生活本真的味道，已經喜歡上人為的感官強化物，永不滿足，變本加厲，心也就越發地被冷落，越發地遠離了自然的生活。書寫，可以幫著把繁雜的瑣碎拼湊成完整的圖畫，可以幫著認回我們來時的路，可以幫著我們清清楚楚明明白白地生活，找回用心生活的能力，生活不是沒有甜美的小確幸，往往是我們丟失了發現它們的心。

有很多的時候，自己滿肚子的牢騷，滿肚子的不爽，更多時候是滿肚子莫名的情緒，很想很想找個人訴說，很想、很想、很想一口氣寫完，可是又擔心這擔心那；很想有個人來聽我講，很想有個人看我寫，很想有個人理解我，可是這些的這些又好想不讓人知道，深藏在心。「渴求理解」與「守護私密」成了拔河比賽中繩索的兩段，一個在左手，一個在右手，遲疑、糾結、矛盾、無助，都快把自己一撕為二了。我們在害怕什麼呢？看看身後，你忘了嗎？在你身後，不論你多麼糟糕，不論你多麼無助，不論你多麼遙遠，有一個人他一直都不曾放棄過你，回頭看看吧！他不是別人，他就是你的影子，他就是你的靈魂，他就是你的心！找個地方，就講給他聽，就寫給他看，不要多想其他，不要擔憂其他，先講講看，先寫寫看，把故事講完，把故事寫完，你或許會有新（心）的發現！

每個人都有著別人無可偷竊的生命故事，在這個世界上，你幾乎不可能找到兩個生命歷程完全相同的人。所以，面對生命這個宏大的主題，每一個人的故事都是同等分量的重要。每個人的生命因著其獨特性，存在即是合理，必有其原因，當有其可惜之處。所以，你還在猶豫什麼呢？你還在害怕什麼呢？在這個時代，一句真話的分量遠遠重過於整個世界，在這屬於你自己的紙本、自己的時間中，就用最真實的心書寫最真實的當下，本真的生命本就是最為樸實的感動心扉的力量，它足以讓我們淚流滿面。

01 倔強出發

如果不啟程，你永遠都不會出發。

民國102年1月26日，一個人，一個包，一個睡袋，一頂帳篷，一台相機，一台機車，出發！

出發的時間早已經在半年前就給自己定下來了，可是越是臨近這個日子，越是惶恐，惶恐自己一個人上路的害怕，惶恐自己內心的怠惰，惶恐自己最終還沒開始就放棄的可能，無數次地問自己為什麼要出發，內心的呼聲越來越小，越來越模糊了自己此行的緣由和衝動。

最開始的時候，因為一個女生，背包五年，為了更靠近她，為了更理解她，為了更讀懂她，直覺告訴我，我要開始這趟一個人的旅行，嘗試曾經夢幻卻止步的背包之路；她的旅步，她的生活，是我所嚮往的，因著這份比較與期許，帶來的是不斷地後悔與憎恨，後悔當初的自己為什麼不能勇敢地走出那一步，憎恨自己的生活怎麼能夠如此的不精彩，可是這一切都已成事實，不容自己重頭再來，卻無法抵禦這種沉淪的情緒來侵襲。

不在沉淪中死去，就在沉淪中爆發！後來，沉淪中的自己明白了一件事情：生命的經歷與體驗是無法被複製和重複的。不論我多麼地努力，我不可能因為重複走她曾經走過的路，就可以複製出她的遭遇；我也不可能因為重複她曾經做過的事，就可以複製出如今的她。不論予我亦或予她而言，此生的生命之路只有向前的一個方向，沒有回頭的路，或許這也正是生命最為淒慘卻又最為美好的地方，一種「淒美」的生命力。

可是，我的出發又是為了什麼？既然一切都是徒勞的。

或許，我在尋找一種苦難感。

一路走來，免不了生活的辛酸苦辣，可回頭想想，有家人有朋友，似乎也沒有遭受過所謂的苦難。縱使在就業的路上挫折重重，依然有家人的關懷在身邊；縱使在感情的路上幾經絕望，依然有朋友的關照在心間；縱使在人生的路上荒誕至極，依然有很多的人不捨不棄。比之於父輩們在流血的動亂年代中親離子散，相較於他們走過的饑荒之年文革之路，與在那能活一日是一日的不確定年代相較，這點痛這點苦又算得了什麼？也或許因著這，我並沒有如父輩們安於當下的生活，並沒有如父輩們珍惜當下的幸福，沒有如父輩們體會當下的安樂，青春血肉裡躁動著不安，在而今喧囂的年代充塞了太多的搖滾之音，幻想著革命年代的激情，虛擬著動盪時代的苦難，如一幕幕再現，可終究只是自己的意淫，時間不可複。加之我曾經邂逅的那位女生，曾經遭受過太強烈的苦難感，這是我難以企及難以體驗的感受。

所以，不要朋友，不要驢（旅）友，選擇一個人上路，走最不確定路況和

34.7
101復興段

氣候的山路，追尋著期待中的苦難，希望能真切地感受一次苦難，重拾人生的意義，明白苦難的意涵，尋求自身的蛻變。

如此想來，我就是一個典型沒事找人抽的受虐狂。活著本是件不易的事情，我卻有閒情逸致說要去尋找苦難，真是坐著說話不腰疼。苦難與旅行，一種苦行僧的想像。苦難無處可尋，可它又無處不在，全憑自己的心境如何。如六祖慧能所言，「菩提本無樹，明鏡亦非台；本來無一物，何處惹塵埃」。苦難與快樂是自己的一種心境，是自己給內心的一種建構，旅行本無苦樂，安問苦行僧其中苦樂否？或許只是我們這些局外人以己之心體他之行，謂之「苦」罷了。父輩們的苦難，也正因著雄壯的史詩而熠熠生輝，所以我們才不斷渴望著這份求而不得的美好苦難，可於他們而言，那就只是他們一直在進行中的生活，不論過去還是現在，生活在他們的身上並沒有被切斷過，並沒有那個時代的苦難和這個時代的幸福的生硬切割，這只是他們那一代人每個人都在進行的生活。同樣的，看著那位女生，她唯美的笑容，輕盈的腳步，嬉戲的身影，生活本就有苦有樂，苦樂相依而成就生活，無需把它們刻意地放大，面對它，接受它。

那我這趟出走，到底為了什麼？自己都無從而知了……

從大學時代第一次蹺課去湘西鳳凰古鎮旅行，到雙主修人類學之後三年奔跑在西南原住民地區，出走對我來說，已經不是一件陌生的事情，而是再熟悉不過的行動。可是，我卻從沒有一個人單獨出走在陌生之域。我很慵懶，曾經告訴自己要認真查閱各種精彩遊記，要把自己的出行塞得滿滿的，認識很多很多有趣的人，聽很多很多原鄉的故事，看很多很多在地的社區，可是直到出發前一天也還沒有任何的計畫，連臺灣從北到南的縣市地理方位都還不清楚，只知道自己要從北橫公路出發一路向南。

出發前一天晚上，匆匆地從家樂福買了帳篷和睡袋，從全聯福利中心買了營養口糧和巧克力，望著凌亂的房間，沒有行李清單，也不知道具體要帶什麼東西，奔波在外也沒打算有水洗澡，一切從簡，丟了幾件內衣褲，扔了幾盒巧克力，裝上睡袋帳篷，累了就睡著了。

很早起來，早晨七點就準備出發了，希望第一天能夠多跑些路程。

兩位好友來相送，甚是難得。平日，他們二位非到晌午太陽曬到屁股了才起來，今日他們生不如死地從床上爬起來和我一起用早餐，這就是「兄弟」吧。對於我的這次出走，雖然如往日一般來來去去，可他們也當成一件大事，一起來見證和相送。其實，當有人告訴你在他的生命經歷裡有你的時候，是一件很幸運的美好。

「你什麼準備都沒有，你好大膽呀，就這麼出發了？」

「如果你不啟程，你永遠都不會出發，無所謂準備好，出發就是開始。」

我是典型的牡羊座，凡事三分鐘熱度，常常會決定好的一件事情因為讓自己多思考了幾分鐘又放棄了；常常一腔熱血要完成一項事情，卻瞻前不顧後，可自己又是一個特別害怕不確定性、缺乏安全感的人，所以一直很擔心這次一個人的背包之行，也會一如既往地被扼殺在開始之前。深知自己德性，所以慢慢地學會對自己「倔」，只要決定好的事情決不讓自己擅變。

直到發動機車，我都不敢和我的兩位好友講，「其實，我真的不想出發！」待在自己熟悉的臺北，跟著熟悉的朋友喝茶聊天，伴著午後的陽光在草地上看看書，習慣了如此的生活，幾乎有了一套可循的邏輯，知道哪裡可以去，知道哪些人可以找，知道這就是我的舒適圈。而今，手中只有一張全島地圖，沒有行程單，沒有住宿落腳點，沒有聯絡人，這一行會路過什麼地方，遇見什麼人，發生什麼事，一切都在將來時。學校真的會給我紮營嗎？警察叔叔真的會收留我嗎？路上真的會遇到熱情洋溢的臺灣人嗎？……一堆沒有答案的疑問在心頭。

人都不習慣離開自己的舒適圈，在自己的舒適圈中有著自己熟知的行事規則，有著自己熟識的親人朋友支持，以及熟悉的生活環境，安全、確定、可靠，一旦觸碰

到自己舒適圈的邊緣地帶，我們就常常會開始焦慮和緊張，這是最猶豫不決的時候。我們的內心都明白，在邊界的另一邊是自己無法控制的地帶，需要自己重新尋找處事的邏輯，重新尋找情感的支援，重新適應不同的環境。當我們剛走出自己的舒適圈的時候，就從焦慮和緊張中掉進了害怕和恐懼，正如一隻無頭蒼蠅在混沌的空間中橫衝直撞。而我在扭動油門的那一刻，我就成為了那隻無頭蒼蠅。

可是，我不走，這份遺憾就會常常滯留在心中，成為一直猶豫在心間的事；只有完成了這件事，它才不會再成為我猶豫的選項。我也深知自己在尋求改變，自己也需要改變，那就要逼迫自己離開舒適圈，否則只能永遠安於圈內轉圈圈。

更可況，誰叫自己曾經對自己誇下海口說要一個人走的！能怪誰，到頭來，只能怪自己咯！

Tip 學著給自己打分

當有人問你一米有多長的時候，你會如何回答呢？當我們在定義距離的時候，刻度尺常常會給我們提供很多的便利，其實這個道理對於人的心理同樣適用。有沒有覺得，每一次的憂鬱都是如此的類似？有沒有覺得，每一次的心痛都是如此的劇烈？有沒有覺得，每一次的生氣都是如此的強烈？可是，真的是如此嗎？我相信每一次的憂鬱，每一次的心痛，每一次的生氣都是因著不同的事與人而產生的，它們的程度自然也會因著人與事的不同而不盡相同。我們之所以以為每一次都是如此的近似，是因為我們只是抽象地感受著這些感覺的整體。

這時，我們可以給自己一把心理刻度尺，試著用「評分問句」來協助自己探索一些比較模糊的主題，例如：憂鬱就是難以界定出具體且以行為形式描述的改變和目標，那麼我們可以試著這樣問自己，「以1到10評分，1代表當初自己打電話給朋友傾訴的心情，10代表奇跡出現之後憂鬱不在了的心情，那麼現在的你會給自己的心情評幾分呢？」通過這種評分問句，我們可以試著理清自己當下的狀況如何，我們也可以借此比照過往同樣的情緒下知道當下自己的程度，如果你給現在的自己打了個3分，那你就可以給自己一個信心的鼓勵，「不錯呢，還有3分，並不是之前打電話時的1分，說明心情好了一點點，這種變化是怎麼發生的呢？」接下來也可以問問自己，「那我要怎樣才能讓自己達到5分呢？」這種扮演心理刻度尺的評分問句其實很簡單，按著這種方式，可以幫助我們自己確認並醞釀出困境中小小的改變，而不會讓自己長久地困在低潮之中。

02 死之憂思

漫無目的地上路了，首當其衝的問題是哪些地方我需要前往和停留。出發前有過很多的白日夢，一次旅行需要有個主題，否則大千世界百雜碎，可看可玩的東西太多，無有窮盡之法。想過給自己安排一個客家莊之旅，因著自己是客家人的身份，很好奇臺灣這邊的客家人跟自己有著怎樣的不同；想過給自己安排一個社區營造之旅，早些年在中國大陸參與進行民間組織（NGO）活動的時候就聽聞過臺灣社區營造的模範經驗，卻一直無法實地探訪個究竟；想過給自己安排一個廟宇之旅，臺灣什麼不多，就是宮廟最多，千奇百態無奇不有……

無數的構思最終也只停留在出發前閑來無事的幻想之中，念頭一閃而過，怠惰依舊持續，只待出發之日空空上路。

從臺北出發，一路奔向北橫公路，路過很多的棕色標示路牌，一路上可供觀光的景點真是不少，尤其看到指引到烏來和鶯歌的標誌，就更是吸引我的眼球，早就聽聞烏來的溫泉和鶯歌的陶瓷，卻一直沒有機會去體驗一番。

給自己定的目標是中午前一定要走上北橫公路，出了臺北的首站應該是三峽，烏來和鶯歌都並非順路，只好忍疼割愛。

旅行並非一味的趕路，可是如此多的美景佳地，真不知道做選擇，駕著機車一剎而過，需要在短時間內作出決定，對於一個帶有選擇恐懼症的我來說，真是一件很大的考驗。

公墓，一個從來沒有想過會是我首站探訪的地方。

機車已經快跑了一個小時，一直沒有停歇，內心也在無數的棕色標示路牌掙扎中麻木起來，直到路過一個在路邊的開放廣場，有木柵欄，有高聳的石柱。路過之時還以為是個園林，心裡又在重複著「停／不停」的掙扎，都已經駛離幾百公尺了，給自己找了個藉口，「都騎了那麼久了，為了安全駕駛，是該停下來休息下啦」。

於是，拉剎車，把頭稍稍勾出去，瞻前顧後，沒車！好，直接掉頭，回去。

駛入園區，摘下頭盔，取下護目鏡，抬頭一看。

哇，居然是一座座墳，這什麼地方呀，不會是公共墓地吧！跑到門口石柱定睛一看，果然，顯赫地寫著「永和市第一花園公墓」。頓然有一種被深深坑騙了的感覺，然而是誰坑騙了我呢？公墓早在我出生之年就依著這般的模樣在這裡了，它只是老老實實地呈現著自己的樣子而已，或許只是被自己想像坑騙了，一根古舊的石柱，林木繁盛，廣場開放，誰說這樣一番空間就不能是公墓呢？

記得第一次去宜蘭，從窗外望出去，偶爾會看見一個山頭上紮堆了一棟棟小房子，剛開始就驚訝怎麼會在如此荒郊野外的山上存在著這麼密集的聚落，從遠處望去，搭配著藍天綠山，好一片可愛的光景。可是當汽車駛得越來越近的時候，頓時明白了一個道理，有些東西還是模糊美就好。發現那一棟棟的小房子居然是一個個墳墓，一股涼氣便從背後襲來。在中國大陸我從沒有看過墳地也可以蓋成如此的房子，我看過的要麼只有石頭木板，要麼只有石碑墓地，要麼只有裝著骨灰的金缸，看到這些密密麻麻的房子，甚是驚訝，簡直就是一個陰間社區嘛！而且各家的房子大小款式都不盡相同，其多樣性不亞於生活世界。

既然這次誤打誤撞闖進了公墓，就自認倒楣吧！在墳墓間散散步，近距離地看看這些死者的聚落。

在中國西南地區奔走人類學田野的時候，我就開始常常一個人跑進部落的墓地，這也不能怪誰，誰叫我雙主修哲學呢！在教授眼中，宗教信仰的議題理應落在哲學系的學生身上，不容我的辯駁，就這樣一而再再而三地接到如此的任務指派。部落的墓地往往是禁地，部落女性和小孩不可踏足半步，更可況外人。部落在八十年代的時候還發生過考古學家來掘墓勘察，而今更是提防我們這些無端闖入的人類學者。墓地，如此陰森之地，也因著鬼怪電影和傳說的影響，沒有人願意和我同往，而我也在不斷地偷偷進出墓地後，變得沒有那麼的恐懼。

我當時所在的部落是四川的白馬藏族，他們也是採取公墓，他們的墳墓很簡單，石頭和木板疊疊蓋蓋便是，也沒有碑文，反正大家都知道哪裡埋的是何許人。從部落存在開始，墓地就沒有擴張過，因為墓地的範圍是被劃定的，而且也沒有擴張的需要，因為他們都是墳上疊墳的方式在進行埋葬。一個墳的存在和祭祀週期為三年，三年的時間，這個墳也就被土石掩埋得不見了，這個人也不再被祭祀。

有時想來，甚是殘酷，似乎死亡代表著消失，代表著被這個世界遺忘，沒有帶走任何東西，也沒有留下任何痕跡，似乎也不曾存在過。

所以，我一直很害怕死亡。小時候，不明白死的內涵，常常跟父母親鬧脾氣了就跑到祖父母那裡喊著要去死，生個小病變得虛弱了，也幻想著自己即將要遠離人世；小時候，經常很好奇死後的世界，總覺得這個世界沒有自己就不再存在，所以死後我依舊可以感受著這個世界發生的事情，可是偶爾又會覺得死了就離開了這個世界，就不再跟這個世界有任何的牽連，甚是傷感。隨著春秋不斷交替，我也越來越不相信自己永存於世的想像，也越來越害怕死亡，越來越多愁善感。

我沒有真實地體驗過死亡，我對死亡的最初記憶只有兒時模糊的碎片：太爺去世的時候，小小的我扯著太爺的手，哭著要太爺醒來，嚷著要太爺給我香蕉。

或許我天生就有抑鬱的潛質，幼稚園還沒畢業的我就學會成天嚷著要自殺。長那麼大了，有時候站在沒有安全屏蔽門的站臺等候火車時，總是有一種想跳下去的衝動，想像過電影中豪邁的割腕，想像過小說中無畏的跳河，想像過電視劇中毅然地服毒。或許正如沙特所說的，人生只有二分之一的自由，沒有生的自由，只有死的自由，或許正是因著這份自由，自殺成為了一種社會之毒，無處不在地向我們招手。可是會不會很痛？會不會要掙扎很久？萬一沒死成怎麼辦？自殺似乎成為了自己掙脫的手段，成為了自己自由的行動，變成了極具吸引力，可是也因著對於死亡和疼痛的恐懼，讓自殺變成了極具挑戰和困難。

當我在感情世界遭受沉淪的那段時間，經常跑到八樓的天臺上透氣，常常站在八樓的天臺，伴著明月絕望到了極點，淚水已經不再清楚為何一湧而出，止不住也流不完，深深的失落感不斷反復地侵襲著內心，似乎這個世界都不再理你，自己孤零零地站在天際之下，這個世界似乎也不再有你留戀的東西，你也找尋不到自己存在的意義所在，度日如年，已經不知道怎麼面對下一秒，不知道怎麼度過黑不見底的月夜，也不知道怎麼迎接睜眼後的白日，死成為了唯一的方式。

死，已經不再可怕，可怕的是活著。

奇妙的是，「死亡」的慾望發生在自我隕落之際，卻也能生出一種承擔的勇氣。

曾無數次地從樓頂往下望，終於決定用雙手撐起縱身一躍，剎那間閃過一個念頭，「我要是就這樣跳下去了，她就不用再活了。」這一念，救了我。我直接癱在了地上失聲痛哭，這次不再為內心的失落而哭，這次是為自己選擇自殺如此自私的方式而哭，為自己的卑賤而哭，為自己的羸弱而哭。

有時候，我很佩服自殺者。每一個自殺者的背後必然有其無法繼續活下去的絕望，讓他有勇氣走向死亡。可是人生能有什麼過不去的坎呢？只要活著，

就沒有過不去的坎；選擇了死，就連過坎的機會都沒有了。生死皆一念之間的事情，多待一會兒，多講一些話，多哭一陣子，就會很不一樣。

「逝者未逝，因為活著的人不斷地召喚而活著，活在『惦念』的史性空間裡。追憶的時間一點都不是虛無縹緲的東西，……當追憶發生時，當連共處的經驗如招魂般被號召到眼前，失落的現在與追憶的魂之間形成深淵，但深淵的底層卻充滿牽繫。」（註）

經歷過這遭，我開始重新審視和理解自殺。自殺是很個人化的舉動，自己用自殺來結束生命，以求換得解脫，可是我們周邊的親人朋友呢？他們要怎麼面對你一聲不吭的離棄，他們要怎麼面對你悄無聲息的不在場。因為內心無法承受那份劇烈的失落選擇了死亡，殊不知丟給的是周邊親人朋友更多的失落；因為內心無法忍受被離棄的強烈孤獨選擇了自殺，殊不知丟給的是周邊親人朋友更多的離棄感；因為內心無法再給予自己生命意義的解答選擇了自殺，殊不知默然的離去帶給的是周邊親人朋友伴著他們一生的莫名愧疚和傷痛。死者雖然離去了，可是他卻依舊活在每個人的心間，這才是最為恐怖且要命的地方。

相較於父輩們，縱使遭受戰爭流血分離之痛，縱使遭受天災饑荒之年，縱使遭受文革人禍之變，依然活在當下，我們這點傷痛，我們這點淚光，又算得上什麼呢？

在白馬藏族的部落裡，最為可憐的當屬自殺或禍害死亡的人們。自然死亡的人都可以尋得風水寶地安葬，可是自殺或禍害等非自然死亡的人卻只能埋葬在墓區的邊緣地帶，是一群不被接納和認可的區域，非自然死亡的人成為了孤魂野鬼，停留在了世間而不得輪迴轉世。

在每一個人離開的時候，部落都要舉行三天三夜的葬禮，不僅是為了超度死者的靈魂，更是通過這種儀式來完成死者從生者世界中離去的道別和退出。死者離去了，可是他卻一直在生活世界中佔有一席之位。清明之時，有人依舊惦記著前去掃墓，在世的人也依憑著自己的愛好照料著死者的墓地，還不時地會燒去冥幣讓死者能夠在陰間使用。

永和第一公墓的園區很大，整個小山遍佈了墓塚。我沿著石階一路上去，正好遇見一家三口，父親在修整墓地，母親和兒子坐在石階上閒聊，母親見到我便問道，「你知道這裡上去還有墓地嗎？」這問題如此唐突，論我身著打扮，胸前還掛著一台照相機，這哪門子像園區的管理人員呢？待我爬到山頂折回的時候，見母子二人還在，就上前寒暄幾句。

「山的那邊沒有墓地了，是環山上來的公路。」

「哦，這裡的管理員說，這邊的墓地都用完了，要埋就要到後面幾個山頭，所以我剛才才這麼問你。」

1．參見余德慧：《臺灣巫宗教的心靈療遇》，心靈工坊，2006。

「你們從哪裡過來的？」

「我們從新店過來，你呢？」

「我從臺北來，準備去環島，路過這裡歇個腳。」

「哇，厲害呢，一個人嗎？兒子，看看人家，環島，多棒，就是要趁年輕！你是學生嗎？哪個學校的？」

「是，我現在在台大念書。」

母親和兒子的眼睛頓時一亮。

「啊，台大的，厲害厲害。一個人上路要小心呀，主與你同在，耶穌會保佑你一路平安的！」

……

就這樣，我收到了旅途中的第一份祝福，來自一位萍水相逢的基督徒的祝福，我們彼此都不知道彼此的名字，也不知道彼此下一秒的遭遇，匆匆地來，匆匆的去，停落在彼此身上的是溫暖的問候和祝福。

03 人去影留

北橫公路，我調侃它為「危險美景」，正應驗了「得不到的才是最好的」一此番話。在生活周遭，每天都有機會看到藍天綠山碧水，自然之美感油然而生，如水般淡入，又隨風而逝，伴隨著喧囂的都市，感受的是片刻的寧靜與祥和。可是，北橫之景，因歐亞大陸板塊和菲律賓板塊擠壓形成的臺灣山脈，伴著同樣的一片藍天和一汪的碧水，穿梭其間的感受卻來得更加強烈。沿路樹種雜多，山形奇特，如今是冬季，更有劇烈的蕭殺之美，在光與影的交替之間，你與山唱的是一首冬季戀歌。可是一路匆匆，不願放手眼前之景，卻又眼饞路那頭山那邊之美，縱使拼命地按下相機的快門亦是徒勞，此番的美只在心間，這就是「境」的力量。

相片只能幫我們記錄影，卻無法刻下我們的境，閱者只能從相片中讀到他想讀到的感受，卻無法明白我們按下快門那瞬間的快感。渴望來一杯清茗，板凳一坐，觀賞把玩此中四時之景，雖深知那只是一場夢罷了。北橫之美，想必四季皆有獨到之處，枯萎的樹枝、含苞待放的花兒都預告著它們來春的美好。

「北橫，你的邀請我收到了，來年春天，我跟你相約在這裡。」

已經不再清楚自己是要專心於騎車，還是要把心留戀在一幕幕稍縱即逝的美景之中，路很窄，雖然是省道，卻只有兩車道，連續拐彎和急彎很多，有幾次流連於美景之間，差點忘記拐彎直接撞在山壁上。

北橫公路的前身為日治時代的「角板山三星警備道」，或稱為「角板山三星間道路」。闢建警備道是1915年臺灣總督府出於戒備之需要開始進行的山地道路開發的政策之一，目的主要在於掌控泰雅族治安、開發山地資源、改善交通和對原住民的啟迪教化。1963年，北部橫貫公路根據原本的舊道拓寬，其中成敗的關鍵在三座大跨徑的鋼拱橋，分別是大曼大橋（後改名為大漢大橋）、巴陵吊橋及復興吊橋。

三座大橋最美非復興吊橋莫屬。橋身被著成獨特的粉紫色，鑲嵌在青山綠水之間，一路駛來，自是格外吸睛。只需要太陽公公小小地施捨一縷陽光，行走在橋面上的你，就如沐浴在童話故事般，似真似假，自己也道不清說不明

了，只得無憂自主的「哇」叫聲，一個人也能和橋發生如此浪漫的際遇，只可惜沒能和它合影一張。

我拿著相機，各種姿態的拍，跑到一百公尺外的羅浮橋上拍復興橋的全貌，趴在橋面上拍它的近照，夾在橋索間拍碧水相映的橋影。美的東西總是讓人快樂，快樂總是瞬間，已經不知道是眷戀於美還是流連於快樂，總是不斷地想按下快門把這份美好記錄下來。

我一直不喜歡照相，也不喜歡拍照，人類學的田野訓練總是提醒著我小心我手中的相機，它就像懸掛在我胸間的武器，隨時等待著獵物進入鏡頭範圍，尤其是對於曾經經受過迫害打壓的父輩們來說，照片會說話，鏡頭會害人，他們不願回首的記憶教會他們要躲閃小心照相機，我也在無數的田野調查中生怕一個不小心用相機深深地刺中了他們那根敏感的神經。

內心有一種認同總是提醒我自己不是匆匆來去的獵奇旅行者。你會發現，很多的旅行者都習慣於按圖索驥跟著他人的遊記忙碌地奔跑在各個點之間，漫長的路途，只為了一個與景點的合照，或是為了一個旅行的印章，旅行似乎成為了一場棒球賽，不斷尋求下一個的達壘，已經遺忘了自己前來的意義，似乎只是想證明點什麼，是證明自己到此一遊，還是證明自己曾經也在旅行中見證著青春足跡？

原鄉人的眼神總是提醒我相機給他們帶來了不安和緊張，如《午夜凶鈴》

的貞子一般，相機會把人的靈魂索了去，這在很多的部落信仰中常常可以看見。我在白馬藏族部落，曾經因為偷偷地用長焦鏡頭拍了葬禮的照片而備受指責，勒令我必須把照片刪去，雖然他們已經接受了相機的存在，可是他們的文化讓他們難以接受相片中的人為何如此真切地像真人的事實，活生生地把真人標記在相片之中，相機的攝魂在部落文化中，是對死者極大的傷害，因為他們相信相機把死者的魂魄鎖在框框裡，而無法走過奈何橋、喝孟婆湯再度輪迴。

　　已經很久不曾拿過相機，已經很久不曾連續地按下快門，已經很久不曾記得照片的意義，所以站在復興橋上的我頓足發呆了許久，望著藍天白雲，微風吹拂在耳畔，惹起碧水漣漪，在歡喜之後生出一絲絲無名的失落感。

照片於我來說本無意義，可是我又為什麼要拍如此多的照片，生怕沒能把此種的美意拍出來呢？嘗試著各種角度的取景，長焦到廣角，鏡頭也在不斷地輪換，卻不是為自己在拍，那又是為誰而拍呢？深知自己不是會為紀念而拍照的人，也知道自己不是為了感動而拍照，更不是為了美照乞求眾人關注的人，一直以來覺得美麗的瞬間來得太快也去得太快，只可停留在心間那麼一瞬間，無法等待鏡頭的秒殺。

久久地拷問自己，模糊中似乎有一個影子在晃動，就是它，不是別的，可是又看不清楚它為何物，或許自己是為那位沒能夠同行的她而拍，渴求與她分享這裡的美好與浪漫……

記起在臺北農產品展示會上與友人的相談。

「我覺得我開始放下了她，不會再成天想著她，一覺起來，沒有了她的念想也可以很開心地度過。」

「你買那麼多米呀、醋呀、酒呀，做什麼？應該不是為你自己買的吧？」

「你怎麼知道！我就是看了覺得不錯，想分享給別人，給我自己才不捨得這麼亂花錢呢。」

「是想分享給某位特定的人吧。」

曾經在一起的時光已經流逝，現在回憶成了一切，作為一個失落者跌宕到過往的時光裡，自己以重演的方式不自覺地以追思與舔舐來修補。

我倆繼續逛著展廳，漠然一笑，此情緣已了悟在心中。

04 卑微身姿

沿著台七的東南方向前行，一直要到明池才會轉入筆直的向南公路。

一個人出行，最怕的就是迷路，尤其是在岔路口的時候，都會端詳老半天，對比著兩條路的差異，就像跟著公路在玩找茬的遊戲。只要是同一條公路，它的路面質地和路面所漆刷的標示應該是一樣的，而北橫公路上就只有一條省道，其餘均為縣道，但從寬度上來說就應該很好標識。

可是即便如此，我迷路了！

在高義蘭道路與台七公路的岔路口處，一樣的寬度，一條上坡，一條下坡，我想當然地認定下坡肯定就是到山地的村子裡去了，果斷地選擇了上坡，怎奈一個多小時之後才發覺，上坡是一條無路之路。台七線上經過的主要是泰雅族部落，很多部落都分佈在深山裡頭，所以常常可以看見有岔路口分叉進去。每次在岔路口，都要佇足停留老半天，戰戰兢兢地選擇，心裡還要擔心好一陣子自己是不是走錯了。

地圖已經不知何時乘著嗖嗖而過的風一起離我而去，不到萬不得已不能用手機，只能怪自己為什麼當初要買一台iPhone，一部放著一天也會把電耗完的智慧型手機。在中國大陸，地大路途長，坐上一天的火車是常事，要是萬一有

一天火車出事了，恐怕最無奈地當屬 iPhone 一族。平時拿在手裡賣弄威風，一旦遇見事情完全窘樣，因為它耗電太快，不消半天功夫，連撥個求救電話都不行了，所以經常可以看到攜帶 iPhone 手機的人身邊絕對備有可攜式移動充電器。鄉民間還流傳著這麼一個段子：

「列車上乘客都低頭擺弄著手機。漸漸地有一部分乘客放下手機，滿懷惆悵地望向窗外：他們是 iPhone 用戶，他們手機沒電了。列車又經過了幾站，又有一部分乘客放下手機，滿懷惆悵地望向窗外：他們是 Android 用戶，他們第二塊電池也用完了。突然打雷車停了，部分乘客舉起手中的諾基亞砸開了車窗，他們得救了……」

台七公路是省道，標示還是蠻清楚的，岔路口都有大的標識牌，尤其是在往宜蘭的分岔路口，可是我發現自己是一個特別沒有安全感的人，難怪會如此

地不自信，縱使沿著大標誌牌的指示方向拐彎岔路，我一樣上下忐忑，非要行駛一小段後，查詢GPS確認走對了方向。這不是指示牌的錯，更不是我閱讀指示牌有問題，很明顯就是對自己的能力完全的不信任。

平日出行都有朋友在身邊或是有行人可以詢問，很奇怪的是，我都毫不懷疑地完全信任朋友或者行人，縱使有時候他們也帶錯了路，至多抱怨幾句又繼續跟著朋友或行人的指示前行。這次出來，一個人上路，內心的猶豫和不安才讓自己看清楚自己，原來我是一個寧願相信別人也不願相信自己的膽小鬼。

華人社會講謙虛，平日裡見別人誇讚自己的時候，往往都會謙虛地回應，有多少斤兩墨水自有自知之明，有些人是真謙虛，可是也有些人如我一般，是假謙虛，不是不想謙虛，而是沒有謙虛的資本，同樣的一句話，他人是因著謙虛而言，於我來說是內心的不自信才會說出如此的話。繽紛世界裡頭，人來人往，事情多了，往往我們就只看到事情的表面，並沒有發現很多發生在自己身上的事情是我們自身的性格、特質所造成的；一個人出來，大山裡頭，無人可問，更沒有朋友指引，陪你的只有默默立在那裡的指示牌，跟心一路的對話，才發現一直躲藏在自己心靈深處那個卑微的自己。

或許，這一趟一個人的旅行是上天冥冥中的安排，不是為了尋盡人間美景及時享樂，也不是為了從糜爛的感情漩渦中出逃，更不是為了修理我過去的創傷經驗，而是通過與天地大自然的對話，與心靈的對話，正視眼前的自己，正視發生過的事情，正視自己的歷史，並感受其悲哀。當一個人不論對於弱小的他人或者無言的內在自己顯現輕蔑，實際上是為了保護他自己本身的無助感不被暴露，而且是隱藏內心軟弱的最好方式，輕蔑是弱者用來抵禦自己受到鄙視和不應有的情感的武器，當我們學會使用各種防禦機制來使自己的行為合理化，否認自己的羞辱根源，認為這一切的發生都是為自己好，久了，連自己都蒙在鼓裡，認為確實如此，這不是自欺欺人嗎？

或許，唯有當自己不再逃避內心所感受到的恐懼吶喊；或許，唯有當自己不再逃避內心所感受到的卑微情感，而是接受並勇於體驗時，才能發現這些情感真正屬於過去的自己，即是我們常常會提到的「童年經驗」。

每隔五公里，公路的護欄邊，都會有一個小小的藍色倒三角牌子，寫著「7」，一路行走，我最愛的就是這個，只要看到它，我的心就安下幾分，沿著路行駛，只要方向對，是不會走錯的。北橫過了巴陵之後，漸無人煙，一個接一個的倒三角就如同沿途的啦啦隊，在你猶豫是否再向前的時候，舉著號碼牌召著手跟你說，「加油！你已經到了XXkm處了！」

如果你是一個怕冷體質的人，山線是一個很大的挑戰，即使是白天，越往山裡騎，越是變得陰森和涼颼颼，到了夜裡就安得一個「冷」字了得。從復興橋離開後，我就沒有再停留過，直達明池，下午三點，已經是如仙境一般，整個明池山莊被籠罩在濃霧之間，朦朧間依稀還能看到些昏黃的燈光在不遠處。霧鎖明池，自是一番美景在心頭。不斷地有路過的汽車駛進，三五成群，多為一家出行，個個都哆嗦著把外套裹緊，已沒有車裡的那份溫暖舒適，可卻抵擋不住他們窺視冬季明池的恬靜，襯著這份冷酷無情的蕭殺，遠處昏黃的屋燈在招手，雖說遠卻也近，只是濃重的霧氣間隔了彼此的距離。明池山莊在山澗林道設置了青苔木屋，以樹為衣，以霧為裳，棕白相映，屋燈也憐憫起林間的行人，暗送暖波。要是能夠在如此的小木屋安睡一晚，那應該是怎樣的一種情意。何奈囊中羞澀，少一人。

旅人們一路驅車，賞遍北橫青山綠水，總是風塵樸樸，到此已是勞累，卻從他們眼神裡泛出了迷戀，櫻桃小嘴微張，有一種欲言又止的衝動，我已曉得不僅僅僅是我，所有的旅人在駐足的那一刻，都被此番美景吸引。明池，是一個國家森林遊樂區，雖然坐落在前無店後無村的深山裡，停車場裡卻已經塞滿了各種汽車。樹都很高很大，隨眼望去一棵高入霧端的樹，樹幹約莫要三四個人才能抱著圍起。林間的路都修葺得錯落有致，形態各異的石階鋪成，鑲嵌在泥土與鵝卵石之間，沿著花花草草消失在霧裡。行走在其間，人已經圓融在自然裡了。霧水中夾雜著樹葉的澀，帶著泥土的腥，伴著花葉的香，

已經忘卻了身體，忘卻了勞累，忘卻了自己，人與自然的靈相互碰撞結合在一起，纏綿到高潮。

背包癮者的偶然出軌，
心靈感官的小小叛離，
對於舊愛……
依然深情如昔，且原諒
這一時動念的逢場作戲。

我想，要是在古時，定是竹林七賢隱居的好地方，只可惜他們沒有發現此地，否則而今就變明池七賢了，又會是一段佳話。

從外頭往木屋看，接著昏黃的屋燈，旅人們正在放下行裝，整理著房間，這裡就是他們今夜的安宿點，下來等待著他們的是飽足的晚餐佳餚、溫馨的家人侶伴的夜晚，而我不屬於這裡，短暫的曖昧過後，半依不捨地要跟明池道別，還沒開始就要結束，明池太大、太大，待到明年春天我再一睹廬山真面目吧。

我的路還在前頭……

05 夜的恐懼

油表跟著太陽的腳步不緊不慢從我的左手降到了右手，從東滑到了西，從朝日走向夕陽，進入紅色地帶，警報！雖然我和機車一樣，飽受一路寒風，肚子已經咕咕直叫，可是它來得比我更狠，「你要是再不喂我，我就攤在地上，你也甭想走了！」一陣陣的焦慮，不再害怕迷路了，眼睛專注向前掃射，只擔心這一路上沒有加油站，加速到 60km／h，希望能夠趕到有村子的地方，每每遇見下坡路，不敢再加油門，也盡量少用剎車，希望能夠少耗些油。

走山路，不像走海線，除了險坡和急彎多之外，加油站也是特別少。沿途的村莊雖然有人家，可是沒有加油站，經過茂安村、四季村都沒有。在四季村口的時候，趕緊停下來問路邊正在兜售蔬菜的小貨車，才知道只有到南山村才有一個加油站，而且五點就要歇業。看著手錶已經是四點整，油表也停在了最後一格的紅區，又能怎麼辦？只能博一次了。

你會好奇在這裡開車的人怎麼辦？所以，在山裡行走的人都知道，出門在外一定要備著一個小瓶子，裝滿了油，以備不時之需，解燃眉之急。我第一次出行，也沒人提醒我，帶油瓶子在身上不合規也很危險，總之我就是沒有任何防備措施。心隨著天色的漸黑，越發的焦灼不安，已經顧不得欣賞高山上一望無際的高麗菜農場。

自從出了天池往南，一路的地勢就不斷地在往上爬，海拔也在不斷地攀升。離開四季村騎上一段，就會看到一路連綿在雲霧中的山脈，山底下都是平整的土地和流水，氣溫也不曾暖和過，只有越發的降低。從這一區域開始，幾乎所有的平地都被開墾種植高麗菜，一個接一個的高麗菜農場，猶如法國的普羅旺斯，只是這裡是綠白相間的高麗菜。藉著海拔的優勢，常年低溫，水分充足，這片區域能夠種植出其他地區無法產出的高麗菜，即是我們在市場上看到價格近百元的高山高麗菜。物有所值，它的栽培方式和出產地註定了它的身價與眾不同。無需調料，單單是清水一燙，咬下去就有充足的水分，自溢而出的甘甜，確實是一般的高麗菜所無法企及的。

五點三十分，我抵達了南山村，泰雅族南山部落，幸而遠遠地看見加油站

的燈還亮著，還沒有打烊，真是老天眷顧。

南山村在日治時期叫「埤亞南」，民國四十八年興建中橫公路宜蘭梨山支線的時候，蔣經國路過此地，聽不慣此地名，改其名為「南山」，沿用至今。南山村位於宜蘭縣大同鄉和台中市交界旁，是山區唯一有村莊、國小、加油站、民宿、飲食店、雜貨店的地方。因為處於迎風埡口，據說這裡每年冬天都會下少許的雪。

機車吃飽了，我也在加油站旁邊的小店來了碗牛肉麵，60元，分量不很多，真是貴呀。不過，也難怪，這些食材都需要店主跋涉山水從外面運進來，能便宜到哪裡去？

平日在臺北，很少見到原住民，抑或說在熙熙攘攘的各色人群中，很難辨識誰是原住民，只記得朋友說，原住民的輪廓來得比常人深。在店裡，第一次如此近距離地接觸和看到原住民，而且周邊都是原住民，夾雜著獨特口音的國語，有時候還聽不懂他們在講什麼。我看他們怪怪的，還有幾個西瓜頭，留著辮子，皮膚黝黑，輪廓深邃，完全一幅賽德克巴萊裡的形象。可這是現實不是演電影，我這樣告訴我自己，但心裡卻無法不想像著他們如長相般兇狠善鬥的性格，幾次與他們眼神相撞，我都乖乖地低下頭，咻地一下走到裡頭坐下來，生怕惹禍上身，我肯定打不過他們的。想必他們也看我怪怪的，他們用眼光掃描著我全身，上下打量，口罩、風衣、手套、相機等等，完全一副城裡來的旅行者裝束。

不知道是自己太餓了，還是高山蒸煮出來的湯頭獨到，牛肉麵看似平凡，跟平日所食無二致，牛肉依舊是牛肉，麵依舊是麵，湯卻格外與眾不同，濃鬱中透著一些些甘地土伏的味道，可能是使用了麻油，獨有一種藥香在心頭，胸間頓然泛起陣陣暖意，不再害怕外頭的天寒地凍，好想好想就在這裡待著睡去。

不能再走了，天黑了，路也完全被霧氣籠罩，伸手不見五指。正好此處有南山國小可以紮營。

這是我第一次紮營，也是第一次使用帳篷。昨天才從家樂福買來二人帳，還沒有開封。從袋子裡取出帳篷和鋼杆，傻眼了，翻遍裡裡外外就是沒有看見說明書。抓狂，我不會搭帳篷耶！這要怎麼辦！好幾次在折騰擺弄帳篷的時候想放棄，乾脆直接打開睡袋睡在地上

好了！打電話給臺北有經驗的朋友，電話那頭的回覆是「這個很操作性，很簡單的，可是我不在現場，不知道要怎麼講，你找附近的人問問吧！」

在台灣不是隨便空地就可以紮營，否則會被罰款，不過在台灣背包旅行的氛圍濃厚，所以幾乎所有的學校都可以開放給背包客紮營，只需要找管理員登記即可。管理南山國小的是一位五六十歲的老伯伯，我傻愣愣地跑過去請教他怎麼搭帳篷，我估計他也不太聽清楚我講的國語，丟給我一句話，「我開燈給你，你自己好好弄」，就進屋裡歇著去了。

常日裡，要我是在臺北，肯定東奔西走，總能找到一個朋友過來相助，卻從沒有想過給自己更多的時間來摸索。想想小時候一個人組建模型的時候，剛開始也不會，也不知道試過多少種方式，才被自己摸索出一條路子完成的。那時忘記時間的感覺，享受摸索的樂趣，相信自己肯定能夠組建好，只是時間的問題而已。可是，長大了，卻很少再允許給自己時間去自我摸索，隨處可得的輔助工具和隨處可召換的友人援

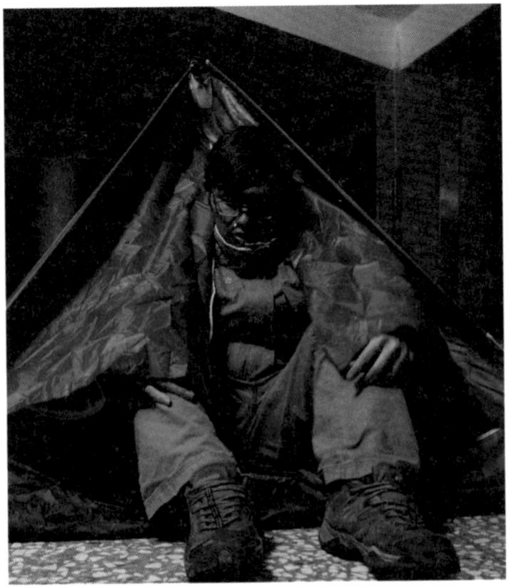

助，慢慢地忘卻了摸索的樂趣。面對雜陳在眼前的素材，無助中只有自助，不相信自己也不得不逼迫自己可以，第一次看到深夜裡的自己是如此彷徨。前前後後花去了三個小時，馬馬虎虎地把帳篷架起來了，看樣子也跟圖上的差不太遠，甚是佩服自己。

算是安頓下來了，那就出去轉轉，雖然是晚上，可是還是想走走這個部落，讓自己有個概念，也順便尋找明晨的早餐店。

路上黑漆漆的，只有一兩盞路燈。很冷，我從頭到腳都穿戴上了，把自己裹得緊緊的。路上的狗很凶，我很怕狗，小時候就常常被狗追，雖然奶奶告訴過我，「遇見狗不能跑，牠不咬你，你不跑牠就不追你，否則你一跑，牠以為你跟牠玩，當然追。」可是，每次我遠遠地跟狗的眼神對上了，雙腳就是有種掉頭跑的衝動。部落裡，狗很多，而且都不是寵物狗，是看門狗，叫得很凶，雖然我看不見牠，可牠卻能聞見我這個陌生人的氣息。從每家每戶的窗前經過，很安靜，只有電視的響聲，從窗外望過去很溫暖，有些老人裹在被窩裡看電視，有些家人圍著爐子熱著雙手，有些孩子靜靜地躺在搖籃裡酣睡，誰都沒有發覺有一個孤影從他們門前走過。

這一刻，我開始想家了，想著家裡房中被窩的溫暖，想著家裡母親深夜的豬肚熱湯，想著家裡電視前家人專注無言的溫馨，原來家的想像是可以如此般的幸福。好久沒有回家了，也好久沒有想家了，雖然面對嘮叨的父母總會有沒完沒了的爭吵，可是有家就有躲避的港灣。回家，任何時候，無需理由。

手邊沒有棍棒，已經被一路的狗叫聲嚇得膽子都飛走了，本來冷得就縮成一團，現在嚇得無處可縮了。心又隨著腳步流連在每家每戶窗邊的溫暖，前路黑得不見人影，回看更是只有我的腳印，自己像個瘋子一般，遊蕩在部落的巷道裡。

三步併兩步地趕回帳篷，發現自己的帳篷並沒有來得想像中暖和，時針還沒有指向十，第一次發現夜黑霧濃漫漫無邊。無可事事，只好早早躺下。一直無法入睡，我不知道搭帳篷要有隔氣墊，寒氣自地面直逼脊背，不斷地往嘴邊塞巧克力，搓熱了暖暖包放在腳底，希望能夠暖和些，覺得只要睡著了就萬事大吉了，可是一切都是徒勞。

不知幾何時，聽見有幾個大孩子闖進來學校，放鞭炮，他們帶著酒瓶，應該是喝了酒，或許有些醉意，開始追逐，扔酒瓶，到處扔鞭炮，而且就在我的不遠處，聽見他們把鞭炮放進酒瓶裡，我聽見他們把鞭炮扔到帳篷周圍後大笑。我冷得已經動彈不得，心裡更是害怕跟這群酒後的原住民孩子說教招打，也擔心萬一玻璃瓶子砸過來或者鞭炮掉進帳篷的慘劇，只想管理員伯伯快點出現，心裡無數次地呼喊著管理員伯伯，可是都不見其踪影。三更半夜了，鞭炮聲也沒惹來附近的居民抱怨，也沒有大人來管管這群喝醉撒野的孩子們。

身體一直在哆嗦，孩子們依舊在爭吵追逐，時不時有炮竹在旁邊響起，隨之而來的是陣陣的笑聲。不知道外面發生了什麼事情，我不想跑出去一探究竟，只想呆呆地蜷縮在睡袋裡，盼著管理員的到來，或者能夠暖和起來讓我睡過去。從最初的無助，慢慢地變成了害怕，漸漸地開始絕望，最後連自己都放棄了。等到外面安靜下來，已經是淩晨三點，不知道自己是怎麼扛到第二天睜眼，只知道這一夜幾乎沒睡，寒氣直逼，不到一小時就被弄醒一次，袋中有酒卻已經無力伸手拿出來飲下取暖。後來才知道，這是老天救了我。初生之犢不畏虎，我居然在高寒之地不帶隔氣墊，冒著失溫的危險；更誇張的是，我居然還想喝酒取暖，這是最萬萬不可取的方法，幸而我沒有喝下去，否則我就成了一睡不醒的「睡美男」了。酒雖然可以讓心跳加快，讓體內暖和起來，可是它也讓你無法感知到體外的寒冷，心在加劇的跳，可是體溫在不斷的降，其結果只能會是毫無知覺中失溫而死。這一點常識，都是我在後續的旅行中相識的驢友告訴我的，我才知道自己福大命大，從鬼門關撿了條命回來。

南山村一宿，跟夜一樣深地不見底的恐懼感，深深地刻在了我的骨子裡。余德慧在《生死無盡》的一席話道出了此番我的所有感受，「人必須在孤寂的裂隙裡頭修行，看見死的究竟。」

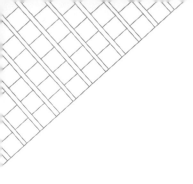

我記得有一個從中國大陸來台灣自助遊的驢友，為了能夠一睹阿里山的日出，提前一天在大凍山頂紮營，可憐的是在半山腰就被一條黑色小狗尾隨，更悲劇的是，小狗一晚上就在他帳篷外叫，而且四周環走，他從帳篷裡看著狗的

影子，聽著狗的叫聲，想像著小狗破帳篷而入的危險，已經是驚得魂飛魄散，更別說出去跟小狗一決高下。

「關了燈後，我躲在睡袋裡，我想了好多，想到小黑（狗）張嘴咬我的樣子，想到了父母親，想到了過去，想到了未來。發現人只有在意識到生命受到危險，才會靜下心來仔細想想一些東西。突然一些事就想明白了。活著真好啊。幹！這個夜晚，我一個小時醒一次，直到淩晨五點左右，我把頭探出來，想看日出出來沒，看到有點光，可還是不敢出來，怕小黑啊。」

同是天涯淪落人，相逢何必曾相識！我和他的遭遇雖然不盡相同，可是那份無助中的恐懼卻是心照不宣的。大學的時候被朋友拉到黑房裡看《咒怨》，被嚇到緊緊地抱著我的朋友；初中的時候拿著棍棒嚷著火拼卻反被別人拿著鋼棍亂砍，身邊總會有兄弟出來一檔；很小的時候夢見被滾熱的太陽追趕驚嚇到醒來，奶奶都會笑著用衣服擦拭額頭的汗珠。身邊有太多支持自己的親人朋友，平時覺得理所當然，從來沒有想過如果有一天他們消失了，只剩下自己，日子會變成如何？

這次把自己放逐出來，深夜的南山村遭遇，骨子裡潛藏著的懦弱的自己，在黑暗中暴露無遺，無處可逃，身邊沒有親人朋友站出來，心裡知道此刻的自己，只是需要一個人的出現就會變得不同；知道此刻的自己，只是需要一個擁抱的關懷就會變得不同，全是妄想，只能逼著自己去感受和面對。我恐懼的是什麼？不敢去面對現實，不斷地逃呀逃，沒有想過解決，只有一味的逃跑。或許事情沒有那麼複雜，或許事情只要站出來就可以解決，可是我卻淪陷在自己的猜測和想像之中，深陷在自己的恐懼之中。這次追趕我的不再是狗，而是自己的臆斷。這種恐懼看不到頭，也望不見尾，最為恐怖的恐懼，原來來自自己。

因著這份恐懼，也讓我醒悟到平日沖淡在生活且被自己遺忘的美好和幸福。生活就如一碗白飯，平日裡夾雜著各種香料的菜肴把米飯送進口裡，不經意間忘卻了米飯的香味和甜度，可是它並不是不在了，它一直在那裡，只是我們忽略了而已。很久沒有安安靜靜地單獨咀嚼米飯了吧，很久沒有細細地品味膨脹的大米滿腔純純的香甜，沒有一絲的修飾，淡淡地來，淡淡地去，不知不覺中飽足了肚子。離開家一年有餘，偶爾回大陸開學術研討會都懶得回家一趟，手指算算，很久沒有想家了。不論平日裡父母的嘮叨如何，不論平日裡朋友的抱怨如何，不論平日裡愛人的牢騷如何，這些都是生活中的調味品，裡間一直都夾雜著不變的淡淡的愛和情，他們一直都沒有離你而去，只是自己漸行漸遠。

或許，出走是為了更好的回歸。

Tip

從內心摳取問題

古來有云，當局者迷旁觀者清。深陷問題中的自己往往會苦於找不到救贖的繩索，面對茫然的前方駐足不前，不是我們自己不努力，亦不是我們自己不想解決，而是當沉淪在烏雲密佈的局里，我們變得束手無策。

為什麼會如此呢？就像打靶，當我們找不到靶心的時候，我們自然不知道把準心瞄向何方。所以，當自己深陷問題泥沼的時候，不要慌張，不要急迫，更不要放棄，而是應該讓自己的身心沉澱下來，讓智慧之手深入自己的肌理，從內心的深處把潛藏在其中的問題摳取出來，跟「問題」面對面地聊上幾句。

這時候可以試著使用敘事治療中常運用到的「解構性提問句」，通過問題外化幫助自己，可以學著這樣去發問，「害怕」多常讓自己做它要我做的事？自己能夠勇敢地與「害怕」對抗的頻率有多高？「罪惡感」告訴了我什麼？「憂鬱」在我耳邊低鳴地訴說著什麼呢？

遇到問題的時候，我常常無法控制住自己當下的情緒，但是反射性的情緒過後，我都喜歡通過跑步或禪坐的方式，在過程中不斷地跟自己的「問題」或「情緒」對話，為什麼「生氣」會跑出來找我？在「生氣」的外衣下，是誰在作祟？當「生氣」來臨的時候，我為什麼會如此躁動？等等。

06 生活意義

終於熬到了天色泛白，不想繼續蜷縮在噩夢般的睡袋裡，真不知道自己是如何熬過這漫漫長夜，第一次體會到游走於睡眠邊緣地帶是如此掙扎的痛苦。洗漱，收拾行裝，逃離南山，為在前方等待我的「不確定」出發！

出乎意外的發現，在這深山部落裡，居然還有那麼早營業的早餐店一間。「老闆，來一碗湯麵！」選擇很少，除了包子之外，就只有湯麵和乾麵。店的周邊都是霧濛濛一片，只看見時而會有兩隻亮著黃燈的車頭從仙霧中蹦了出來，一下子又消失在霧氣間。山地騎行，當然首選湯麵，難得可以熱熱身子。要很快吃完，否則很容易涼下來，湯麵從老闆傳遞到我手中就已經被周邊的冷霧奪去了些許的熱量。

分量不大，也不特別，可是在冰冷的冬季，暖湯順著喉嚨一路向下，從口暖到了心裡，問我是什麼感覺？猶如寒冬中母親溫暖的擁抱，只是這一刻的幸福來得太短，彌足珍貴。

記得改編自日本暢銷人氣少女漫畫的《魚乾女又怎樣：羅馬假日》裡，莉央一直在找尋著生活中的意義，自從丈夫和孩子雙雙離她而去之後，光是活著對於莉央來說並沒有什麼意義，每天行屍走肉般地度過，內心卻不斷在拷問自己為什麼活著，雨宮螢瞪大了眼說，「活著需要意義嗎？吃飽便睡，然後滾來滾去，忙完一天後坐在走廊上和部長（男友）喝啤酒，那時候我就會想，活著真好！」

我們沒有那一瞬間的感覺嗎？一瞬間覺得活著真好的感覺，很短很短，短到它沒有留下一絲的痕跡讓我們再次找尋，可是只要有那一瞬間，活著就是值得的。

平淡的生活裡，有些人如我一般都在找尋著千萬個理由安慰自己這是我活著的意義，似乎沒有了意義的外衣，生活本身便不是我的。可是在內心的深處，在情感的谷底，始終有一種力量無法安分守己，不顧一切地衝破這意義的謊言，所以一直以來不斷地找尋著意義，卻又不斷地放棄這些藉口式的意義，一邊在給自己的生活堆砌意義圍牆，非要把世界活生生地硬切割，一邊又把堆砌好的圍牆推倒，看似悖論，實則只是自己在矇騙自己罷了，是自己在逃避那個潛藏在角落的幽暗的自己。

生活的幸福，或許正如余德慧說的，並不是豐衣足食，而是一種恰恰好的感覺，這種恰恰好是不暴不增，有盈有虧，有圓有缺，有生有死，有喜有嗔，它使用人生各種的色譜均勻地塗滿一個願，但又留著完美的瑕疵。

一路攀爬，足足一個多小時沒有下坡路，從這個山頭跑到那個山頭。這段山路的路況並不好，因為山體不很結實，環山路上經常可以看見裂痕和塌方。車行懸崖邊往下望，深千尺，要是一個不小心駛出了柵欄，可真是一個雲霄飛車，飛流直下三千尺，必死無疑，想想都心寒腳顫了。一路除了山就是樹，除非路過村子，幾乎不用想遇見人。山不見得特別，樹不見得獨到，可是依隨著人境的變遷其解讀也會變得很不相同。一路我特別喜歡停車在路邊，拿著鏡頭對著山、對著樹，有拍不完的衝動，尤其是光著膀子屹立在旁的樹幹，一種寒冬獨孤的淒美直逼心尖，它們飽受著寒冬的低溫，獨自存在於這人煙罕至的地方，公路空蕩蕩地橫在那裡，遠方幾間錯落的屋宇，山與樹俱默，冬去春來，夏秋輪換，已經不知道是第幾個回合了，這些樹不會孤單嗎？

我好像能夠讀到它們內心的呼喊，卻無法用鏡頭捕捉，直眼相看凝噎無語，只想靜靜地與它們相伴，分不清是我在陪著它們分擔它們的寂寞，亦或是它們在陪著我分擔我內心的孤獨。這些樹會不會冷呀？大冬天的，裸著身子這麼一站就是一冬，要到明春才能有新衣吧！

已經記不清楚路過了多少個山頭，方才抵達中部橫貫公路東西分向和宜蘭支線的交會點——梨山，海拔約二千公尺，一個盛產水梨、水蜜桃、蘋果等溫帶水果的高山地帶，它是泰雅族從南投縣仁愛鄉發祥村遷徙到蘭陽平原過程中建立發展起來的聚落，原住民稱為「斯拉茂」（Slamao）。

時針雖然不斷地跑向「12」，但是奔在梨山的路途氣溫卻在不斷地下降，到梨山的時候飄起了雨絲。

出門在外，難免會跟路人打交道，多年田野經驗告訴我，菸酒是個好利器，有菸有酒就有熟人，因著騎車的緣故，酒就作罷，倒是跑去便利店買了一包長壽煙放在身上。我自己不抽菸，也沒有菸癮，可我萬萬沒想到口袋裡的這包長壽，第一根菸居然是我自己抽的，剛到梨山賓館放好車，冷得直哆嗦，又找不到便利店，只有公路邊排攤賣高山蔬菜水果的，手就不自主地伸向口袋摸索，碰到了煙，也正好摸到了打火機，就這樣順手點著了一根，跟著白氣從嘴裡吐出一圈圈的煙，鼻腔頓時暖和了起來，精神抖擻，望著天空，伸了個懶腰，好生自在，這一根菸還真是恐怖，簡直像興奮劑一樣。

第一件大事，就是尋找旅遊服務中心。越來越發現臺灣是一個很適宜自助旅行的地方，尤其旅遊服務更是無話可說，只要是風景區或火車站就少不了旅遊服務中心，它更是背包客的福星，提供一切背包客需要的服務，而此刻的我只需要喝個熱水，以解全身的寒氣之毒，當然順便要蓋個旅遊紀念章。

臺灣每個地區、每個風景地、每個火車站，甚至每條捷運線，都有自己的旅行紀念章。平時見到遊客都喜歡拍照留影，更有甚者要刻上『到此一遊』留存，到了臺灣才發現這裡流行收集旅行印章，每個旅行者都喜歡拿著一本小小的旅行筆記本，沿途收集所到之處各色各樣的印章，待到一段旅行結束，把旅行小本展開，自有一番美意在心頭，印章會說話，重溫著你曾經走過的足跡。

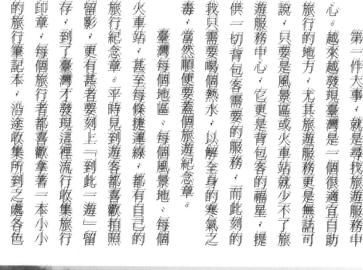

不知不覺的，來台一年了，我也沾染上了這習氣。有時候一次簡短的出走，僅僅只是為了那一枚的印章。這一次，條件反射，又蹭蹭地跑過去，看到一大堆的印章擺放在那裡，不亦樂乎地蓋起來。有時候笑自己傻，蓋了一堆完全不知道的章，也不知道自己為什麼要蓋，這些地方自己也未必會去，有些地方自己根本沒到過，也往自己的本子上蓋。蓋章也講究功夫，印泥的滋潤程度也各不相同，蓋下去整平按壓也頗費力氣，把自己弄得手酸背累的，卻也樂得開心，無厘頭地來到這，似乎有個章有個理由有個交代。遇見端莊華麗的印章，自己都會雀躍，捧在手上觀賞一陣，可是更多遇見的是粗糙的印章，那也要蓋，即使談不上美感，蓋章似乎成為了旅行中給自己的一場「儀式」，當

自己用雙手在本子上蓋上印章的那一刻，也把自己的記憶蓋在了那一頁，把旅行的足跡蓋在了那一頁，把時空的定格蓋在了那一頁。借用笛卡爾的「我思故我在」，能夠打趣地說「我蓋故我在」嗎？

聽工作人員在接電話，應該是一個旅客打來的，詢問合歡山的路況如何，我只聽見工作人員說，「合歡山現在下雪，很大，山底就已經開始交通管制，輪胎要套雪鏈才允許上去，否則只能步行上去」。

下雪？我想這在臺灣是千載難逢的吧，不去更待何時？出發前朋友就建議我要在梨山多呆些時間，風景甚佳，而且還有武陵農場的櫻花可以賞玩，以及福壽山的美景可以觀賞。可是，梨山又不會長出兩隻腿跑掉，雪可是來無時去無蹤的傢伙，過了這時就沒這雪了。

衝過去，就為這場雪！

這應該是如何一種場面？又是如何一種際遇？我要不要跟電影一樣，站在雪地仰望天空雙手接雪，還是要伸出舌頭一舔雪之味道？這是我第一次要真實地看到雪，頭腦裡已經在回溯著影視劇裡無數的雪之場景，就如曾未謀面的筆友相約見面，萬千的想像在心頭，是按捺不住的激動？還是即將揭曉的緊張？

哪裡還有冷可言，包裹好自己，整個膠囊似的駕起車子，60km／h 前行。

合歡山，我來了。

07 合歡山雪

沿著梨山出發的橫貫公路，殺到合歡山山腳往花蓮的岔路口，逆風而行，滿腦子被一睹雪景的衝動沖暈了頭，完全不知道怎麼超越前方的汽車，躲閃過迎面而來的貨車，直到看到閃著三色燈的警車才意識到該停車了。森林警察在這個岔路口檢查每輛上山的車是否有在輪胎上安裝雪鏈，沒有安裝的一概不准放行。旁邊也停放著兩個大輪子帶著大鐵鍊的鏟車，隨時準備上山完成鏟雪開道的任務。我慌了，這該怎麼辦呢？不會就這樣還沒看見雪，就叫我白跑一趟吧。心裡那叫一種不甘願，決定走都要走上去，不論要多少時間。

啪——啪——啪——啪，頭盔猛烈地響起來，握著車頭的雙手雖然穿戴著手套，依然感覺到一陣撞擊，繼而是陣陣的冰涼，哇塞！下冰雹了！雙手托向空中，好想看看冰雹到底長啥樣子？來吧，冰雹，來得更猛烈些吧，讓我一睹你真容！周邊的人都拉緊了雨衣的領子往屋簷下躲，只有我一個人傻愣地呆在停車場，還要脫了頭盔抬頭看天空落下來的「便便」長啥樣子，估計那些人沒法讀到我心中那種竊喜。久聞冰雹之厲害，可打傷人，可毀壞果農的心血，可是我卻還沒有一次親眼目睹冰雹長啥樣子，難得這次有機會了，心中自是竊喜不已，這是見慣的人所無法體會到的，我想這一刻的興奮也是我將來無法再體會的。

很多事情都會有「第一次」，每個「第一次」都會有著陌生的害怕，因為你不知道前面等待你的會是什麼，也不知道你的表現會如何，卻又會被內心欲求究竟的誘惑所擊倒。

定睛往手掌看去，還以為是鹽巴，方塊形的一粒粒，如冰晶般從天而降在我的手掌心，那一刻我的眼睛和嘴巴都成了「O」形，在臺北見慣了天空下「麵條」（雨絲），第一次見到天空也會下「鹽巴」，白色透明，揉搓在手裡，悄無聲息地消融而去，留下淺淺的記憶在腦海。

「你這機車沒有裝雪鏈，上面雪很大，路面都結冰了，很危險的，不可以上去。」

「我就是來看雪的，到有冰的地方我就走上去。」

沒想到就這樣被放行了。爬了一小段後就開始看到附著在山岩上的白雪，路面也留下一道道被汽車輪胎鑿過去的冰痕，淺淺的乳白的冰層緊貼著路面，輪胎偶爾會左右晃動不聽使喚，只好停車在此地，改用雙腳的「11路公車」繼續前行。

越往山上爬，雪越下越密，一直見不到太陽，黑壓壓的雲層在天空上很快的飄過，風很大。把自己包裹得嚴嚴實實，一路拿著相機不停哆嗦著往前走，門牙不時地要打架，偶爾全身會不自主痙攣顫抖，汽車一輛輛從身邊駛過，車裡想必很是溫暖。

爬山的時候，我特地取了兩盒巧克力塞在上衣的口袋裡，能防寒的衣服都穿在身上了，要是仍然抵禦不住這鑽骨的冷氣，就只能借巧克力的熱量來讓自己好受一些。我特別挑了純度很高的巧克力，濃度達到90%，也就是黑巧克力，這樣才能最大量地供能。按理來說，黑巧克力應該很苦，可是當時冷得不行的我直接取出大片一口口咬下去，脆呀！並不是餓，但是卻狼吞虎嚥，不知情的人看了，還以為幾天幾夜沒有進食的人，連我自己都覺得那副光景很是窮酸，能冷成這樣真是不容易。不過，受不住的時候咬下兩三口巧克力，確實會好受很多，精神會抖擻，撐個十來分鐘不是問題。

機車還在山下，一路爬行了多久，就要預留同樣的時間回去，我給自己擬定了一小時的時間。趕著腳程到了合歡山的旅遊服務中心，把旅遊印章收藏在小本子裡，跟不知哪位好心的路人堆砌的小雪人合照了一張，就匆匆往山下走。上山的時候，心繫著前路的雪景，倒也沒感覺到累，下山了卻已經氣喘吁吁，巧克力已經沒用，不是熱量的問題，是體力的消耗，除了早上在南山村的那碗麵，都一直沒有吃過任何提供能量的食物。真的很想癱在地上，看著一輛輛下山的汽車，心想要是能有一輛坐著下去是何等的幸福。

我沒有搭過便車，只有在美國電視劇上看過，要自己搭便車還真需要勇氣。以前在花蓮泡湯的時候，遇見一位徒步環島的朋友，他告訴我搭便車一定要讓來車的司機遠遠地能夠看清楚你的臉，要把頭部的任何物件都取下來，讓他能夠儘快識別出你是個好人，這樣才比較能夠攔到便車。有幾輛汽車從身邊開過，心裡都在掙扎要不要試著攔攔看，可是都在猶豫之時錯過了它們。直到真的走不動了，不管了，頭一甩，把帽子脫了，正好後方有來車，伸出右手臂，豎起大拇指，站在路邊。第一輛車刷的過去了，哭哭，居然就這樣地被丟落在一邊，頓然感覺自己特別傻，本就不自信的自己又泛起了一點點的猶豫，到底要不要攔？幸而，一輛銀白的小轎車停了下來，搖下窗戶問我什麼事。

「能順路載我下山嗎？我的機車停在山下，走不動了。」

「可以，上車吧！……嘿，把後面打開讓人家上來！」

車上已經有四個人了，都很年輕，也是聽說合歡山在下雪，就趕忙開車上來看的。我和他們的對話不多，主要是他們之間在閒聊，偶爾問問我怎麼也會一個人來這裡看雪。一路下去，窗外望去，陽光從雲層的夾縫中射出一縷縷的光線照在遠處的岩山上，映著白雪，此景也有了溫度傳入全身，真美好，要不是在別人車裡，好想下車抓住這一刻的曼妙。

山下，機車依舊在那裡，謝過四個萍水相逢的朋友，準備這次試著騎車再上更高點看，因為在車上司機跟我說，山頂的雪那才叫厚，難怪一輛輛下山的汽車上都堆著一個小雪人在前面。正好也有一位專門從宜蘭趕來看雪的騎士，問我山上的情況，我激動得手舞足蹈地跟他訴說著我所見到的美景，他聽得眼睛直發亮。就這樣，他成為了我旅途中的第一位驢友，我們決定一起上山，都是機車，都沒有裝雪鏈，兩個人好歹也有個照應，就不再怕前路的危險了。

今天正好是週末，他從宜蘭驅車趕來，賞玩武陵農場的櫻花後，聽說合歡山下雪了，也匆匆趕過

來。他已經不是第一次來合歡山，他說他在臺灣最愛的就是合歡山，一年四季各有獨特的風貌，每個季節最少都會來一趟，這麼一走就走了好幾年，這次過來已經是今年冬季的第三次了，不過遇見雪還是第一次，難得周休二日，他也就一個人奔過來權當放鬆，明天又要趕回準備週一的上班。

第二次上山，因為有了機車，省力不少，一直往上騎行，風景果然大不相同。當佈滿白雪的岩山展現在我眼前，伸手即可觸及的距離，慨歎自然之壯麗，已經管不了機車了，直接丟在路邊，連爬帶滾地爬在山緣，打開相機蓋，瘋狂地抓拍。平時餓到不行，面對美食也不曾如此狼狽，而今面對一座不會說話的山，居然能夠做出連爬帶滾的動作，已經顧不得節操撒落一地的窘樣，只擔心抓不住那一刻的美好。在山間，風大雲快，這一刻還明亮著，不小心下一刻就是昏暗，變化太快。

一次照了個盡興，拍拍身上的雪，都已經打濕在衣服上。回頭看自己拍的照片，才發覺，原來美景只存留在自己的心間，難怪乎自古有言「百聞不如一見」，此種意境是整體的，局部的捕捉實在難以抓住大自然片刻的美好。只覺得眼眶微熱，幾滴淚珠流溢而出，祭奠那大自然曾經給予過的美好吧。記起那個女孩說過她某年某月在高原，夜裡睡不著，自個坐在屋外喝著別人剩下的酒，望著滿天伸手可及的星星，這些星星和銀河在天上閃耀著，圍著她在歡跳，為她歌唱，那一夜她深深地被高原的夜景所感動。

我似乎懂了，那種大自然恩賜給渺小的自己的感動。我放慢了速度，在合歡山上，試圖用雪花的光亮，編織我浪人的羽裳。

08 萍水相逢

石門山——合歡尖山——松雪樓——武嶺

不知不覺中就這樣翻越了過去，一路都很滑，尤其是到了松雪樓上武嶺那一段，積雪有十幾釐米深，機車只要一前行，必然打滑，只能在汽車後面綁條皮繩，拉著機車往前走；雙腳不能離地，雙手緊握車頭掌控方向，雙腳緊貼地面，鞋子就跟雪橇一樣，在雪地裡支持著滑行。上到武嶺的時候，那真是個黑夜般的地方，一絲的陽光都滲透不進來，汽車都開著燈，伸手還難見五指。一路劃著冰面上來，機車就如脫韁的野馬，根本不是自己所能控制的，險些幾次打滑摔倒，來到武嶺之後就是一路下坡，算是告一段落，已經是筋疲力盡。

驢友已經在松雪樓的時候走散，在連手指都看不清楚的武嶺更是難以找尋，只好一個人發動了機車開始一路下滑。沒有拉我的汽車了，鞋子都已經沾滿了冰雪融化的水，雙腳冰涼冰涼的，依然要保持著雙腳著地的姿勢滑行，路的兩邊還有厚厚的積雪，只有路的中間會變得淺一些，沿著被無數汽車輪胎開出的路下滑，因為汽車開過的地方，受輪胎的擠壓，積雪都往兩邊排擠，留下一條扭扭曲曲，較為乾淨的細路。速度低到只有10km／h，可是我終於還是滑摔了出去。有一輛汽車一直跟在我身後，為了讓它先行，我把機車往路邊靠，可是當輪胎遇上積雪的時候，那就不是（你）能夠控制的範圍了。雖然時速很低，機車仍然從我的雙腳下滑了出去，摔在地上，人直接匍匐地倒在了雪地裡，摔了個背朝天。汽車裡的人很難理解機車騎士的苦痛吧！一輛輛汽車照舊從身邊駛過，那叫做一陣陣的心酸呀！好像受了傷沒有人理睬的孩子，站在路旁倍感委屈。在雪地裡要用哆嗦的雙手把重重的機車扶起來不是件易事，車子的腳架已經不管事，無法把車子立起來，我的背包也被甩在路邊，只好讓機車靠在自己的身側，然後使勁想辦法把包塞綁進機車裡。已經沒有力氣的我，根本太難完成了，又是下坡路，車子也靠不穩，整個身體被機車重重地壓著，可是除此外別無他法，沒有心思抱怨天地，無奈地埋頭嘗試著這種辦法，只想早點弄好出發。幸好，路過的機車騎士都會停下來問我需不需要幫忙，剛開始我都習慣性地說不用，後來實在沒轍，一輛紅色機車騎士停下來幫我扶著車，讓我把包弄好，算是解決了這事。兩個人都帶著頭盔，我們彼此都不知道對方長啥樣子，也沒有更多的言語，

可是就像朋友一般，一路滑行遇到或者到岔路口都會看看對方，跟對方揮揮手問候一下，真是人間自有溫情在。

膝蓋關節處刺刺的痛，手指的關節也感覺受了些傷，來不及理會，也懶得理會，只顧得要小心翼翼繼續滑行，漸漸地忘了傷的存在。其實，我很害怕拉開衣服看傷口，有些傷口不看則已，一看就覺得更痛了；不看它有時候還會沒事，可繼續做自己的事情。記得小時候貪玩，跟其他孩子玩追逐遊戲，我跑呀，跑呀，一個不小心被地上放著的鍋撞到了腳腕，割出了深深的一個口子，自己也沒理會，繼續跑，生怕被抓住，後來才被大人叫住，發現褲腳已經被血染紅了一大片，頓時覺得好痛，哇哇大哭起來。上高三了，跟別人比跳躍，有路不走，非要飛躍一個小石牆過去，朋友跳過去了，我沒跳過去，不爭氣的右腿被牆尖絆倒，踉蹌地摔在地上，站起來拍拍身上的塵土，繼續跟朋友說笑地去了食堂吃飯，直到食堂的叔叔發現我的褲子濕淋淋紅了一片，才發覺腳被牆坷劃出了一個深深的傷口，隱約間看到了白骨，自己都毛骨悚然，痛呀……

快到霧社的時候，天亮了，已經是滿天紅，夕陽時分，終於是殺出重圍再見天日，紅得叫人歡喜，紅得叫人暖和，紅得叫人舒適，猶如一個在戰場倖存的士兵，正好與「霧社」這個地名相應。

下午五點抵達清境農場，我把車停在停車場，肚子餓了一天了，已經咕嚕直響，正好這裡有個排滿熱食攤位的小廣場，真是得來全不費工夫，點了一碗熱乎乎的酸菜湯和竹筒飯。巧的是，我回頭占位子坐下用餐，居然再次碰見了驢友，兩人相見甚歡。驢友雖然沒有訂房間，但是因為他之前來過，所以對清境農場的民宿很熟悉，想在這邊找找看能否有住的地方，實在沒有（，）他就騎車到台中住宿。他不建議我在清境農場露營，因為夜裡氣溫會降得很低。其實自從經歷南山村的那一夜，我也打心眼裡不想露營。想想漫長的無人夜晚是如此難熬，想想寒氣咄咄逼人輾轉難眠的煎熬，而今再來一個驢友塞給我一個不露營的理由，我就更打消此念頭了。那怎麼辦？距離最近的就只有埔里，腦海中只浮現出「菩提長青村」這個名字。

我很喜歡菩提長青村，第一次參訪此地是去年陪同中國大陸的《21世紀經濟導報》的記者一行到這裡。九二一地震讓藝術家王子華與妻子陳芳姿失掉房子、失掉七巧屋野菜餐廳，跟著大家移居學校的空教室，但因不忍心看到老人家居無定所睡在硬地板上，便發起了安置老人家的行動。兩夫妻當時想法很簡單，只是要讓每一位老人家有三餐熱騰騰的飯菜，及晚上睡覺有一張床和溫暖的被窩，所以便借了棟大樓的空隔間來安置這些老人家，就這樣一位老人家、一張床鋪，開始慢慢做起，因此才有現在菩提長青村的誕生。菩提長青村可說是一個結合公私部門資源所形成的「社區老人照顧機構」，抱持「老有所用、自立自助」的核心價值，展開災區老人及無家可歸老人的安置計畫，給予長者住的空間及生活關懷，建立一個沒有血緣關係的大家庭。在菩提長青村，有老人們一起勞動開墾的有機菜園，也有阿公阿婆創作的陶藝品，無聊的時候還能夠享受長者為你沖泡的感恩咖啡，有堆滿二手寶貝讓你找尋挖掘的尋寶屋；另外菩提長青村也藉著提供團餐和自助餐等形式補貼村中的開支，是一個老人自助安養模式的好典範。雖然菩提長青村可以借宿，可畢竟沒有事前電話預約，想來突然造訪，會麻煩只有一面之交的芳姿大姐，作罷作罷。此念方歇，腦子卻靈機一動。

「咦，埔里不是有個有名的中台禪寺嗎？應該可以借宿吧？試試看好了。」

找不到紙巾，用手抹抹嘴巴和鼻涕，又跟驢友道別，彼此出發下一站。

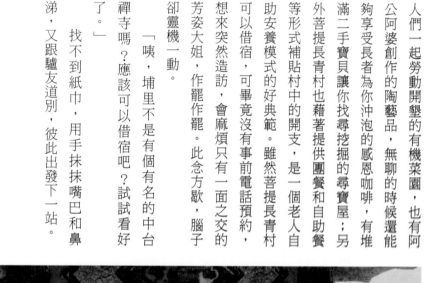

09 人的簡單

夜裡走山路，彎彎曲曲，還有急轉彎，最討厭就是前方來車的大燈照得人睜不開眼睛，總是危機四伏。後來，我喜歡上跟在一輛汽車後面行駛，一來它會幫我開路，我只需要輕鬆地緊隨其後就行，二來減緩了漆黑的深山行車的那份孤獨感，雖然跟車裡的人素不相識，可是總覺得在空蕩蕩的公路上好歹有個伴，只是往往汽車都跑得很快，逼得我不得不在山路開到時速六七十公里，真是鍛煉我的駕駛技術。

在進入埔里市區的時候，又再一次遇見驢友，真是不可思議，哪有這麼巧的事情，一天三次偶遇。一問才知道，原來是他故意的，清境農場的高山高麗菜很出名，他特別在離開情境農場的時候買了三袋給我，可是一路駛下來都不見我人影，就追趕到了埔里，非要把高麗菜塞給我。我完全愣在那裡，不知道該作何表情，第一次遇見這種事情，一個萍水相逢的驢友花錢買了三袋高麗菜給我，還一路驅車追趕到埔裡，這是怎樣的一種情感呢？換成我的話，估計不會這麼做吧！好歹大學學過人類學，知道要讓這個社會有序地運轉下去，要懂得人情面子，完成社會交換，可是一路以最少的行裝出發，身上根本沒有寶貝可以交換給驢友。只能空手收下驢友手中的高麗菜，不清楚形勢，也無更多言語，道聲感謝，最後揮手道別。

望著遠去的身影，我笑了，離開了，我想他也不記得我的名字了，因為除了剛開始互道姓名外，一路上就沒再叫我的名字，以「嘿」代替，我也好不到哪裡去，無非是五十步笑百步罷了，知道他姓李，名字嘛，太陽下山的時候已經把它從我的記憶中帶走了。常常在旅行的書裡面看到背包客們往往會被這種突如其來的陌生所感動。或許我們生活在被工作所纏繞的都市久了吧，已經忘記了他人的存在，匆匆行進的腳步清楚前往的方向，日子就在不斷地達成一個個工作目標中度過，繚繞在腦際的是無生命的工作專案；或許不是忘記，而是沒有勇氣再去面對或打擾如自己一般的匆忙中的都市人，把自己蜷縮在束縛的空間中，也把他人想像成自己這般；或許我們不敢再與他人漫無天際地交流，正是因為害怕了內心豐富雀躍的自我，總是告訴那個理想的自己面對眼前要現實，所以難得出來跑一趟，感受著來自陌生的他人的熱情和饋贈。我們都為之感動了，殊不知是我們自己在都市中丟失曾經在鄉土中的那份樸素。

於我而言，感動無從談起，我只能接受我無法理解的事實。人與人之間理解本就是難過登天的事情，每個人在每個階段的成長經歷都不盡相同，每個人的理解都會不可避免地帶上過去經驗的痕跡，不論過去發生過什麼，不論是自己想面對的還是在逃避的，這些經驗都是抹不掉的東西，也正是因為這些才有了活在面前的自己。正如存在主義所宣揚的，人存在的意義是無法經由理性思考而得到答案，我們處在一個隱隱約約的世界之中，能做的只是選擇去面對和接納眼前發生的事情。饋贈本就是一個雙向的過程，這種雙向的過程不僅僅禮尚往來般簡單，它更是一種互動雙方實現存在的方式。驢友送我高麗菜，是他的生活世界、性格和觀點使然，因著這份的饋贈，他在當下情境的存在得到延續，這就是他的生活。於我而言，我的接納也是成全他的存在的一個回饋。試想如果我堅決地拒絕也未嘗不可，正所謂無功不受祿，但這要叫驢友如何下臺？要是這般，我定會被眾人罵成不識好歹。長期浸染在中華文化中的我，自然而然地選擇了接納並道謝，是如此地自然並無半點做作，這一切都已經在平常生活中習得，我的存在也在這一刻得到完成。

人的互動就是如此有趣，並非是我冷酷到無法如很多的背包客那樣，被驢友而感動，反而當我真實地面對自身的感受，才發覺人與人之間的間距，正是這份突如其來的莫名場面，不斷地富足著我的見聞，待到有一天我也有一種衝動，為送上三袋高麗菜追趕的時候，我想那一刻我會理解我自己和驢友的。

驢友離開之後，開始尋覓今晚的住宿。冰涼了兩天的身軀，已經不斷地在乞求著暖和的被窩。在尋找去中台禪寺的路上，幸喜地發現法鼓山在埔里也有分道場——德華寺。比起中台禪寺這座我曾未接觸過的廟宇來說，我更喜歡選擇德華寺。落地臺灣不到一個月的時間，我就跟法鼓山結下了不解之緣，成為台大法鼓山青年社的一員，經常跑到法鼓山的道場當志工，參加法鼓山舉辦的禪修營隊，甚至在法鼓山短期出家一段時間，法鼓山對我來說是一個熟悉的地方，雖然我從來沒有到過德華寺，也不知道德華寺的常駐法師，但是僅僅「法鼓山」三個字，就給了我信心，相信那裡一定可以有收留我的地方。

德華寺的法師遇上我這個突如其來的造訪者，也是相當沒辦法，法師不忍心不讓我進去借宿，丟我在一邊不理會，可是寺廟貴重物品多，又怎敢放我這不知哪裡冒出來的小子進去呢？我只好打電話回法鼓山總本山，找跟我熟識的常寬法師，讓他來確認我的身份，好讓德華寺的常駐法師安心，讓我進去。

當時已經是晚上十點有餘，僧團都有比較固定的作息時間，這個時候是做完晚課準備就寢的時間。我與常寬法師相識是在他輔導台大法鼓山青年社的

時候，而今他已經調回總本山，平時寺廟中的事務就已經夠他忙活，上山也難得見上一面，這麼一拖也有快一年的時間沒有見過他了。幸好常寬法師還記得我，他交代完德華寺的常駐法師之後，特別問候我環島的情況，問候我下來的計畫和打算，叫我注意安全照顧好自己。

頓時，我的內心甚是慚愧。自己打電話給法師，本是很工具性地希望通過他能夠讓我進去德華寺安住一晚，可是法師不僅在百忙中接了我電話，幫我解決了問題，還不忘關懷一番。常駐法師開門讓我進入，專門空出一個大房間給我，生怕我凍著，還準備了厚厚的棉被，把我一切安排妥當之後方才放心離去。

平時別人幫我，總覺得欠了人家人情，別人有忙的時候也要盡力幫助別人，可是面對出家法師，卻沒有我幫忙的份。他不覺得幫助他人是為了什麼，就是很單純地幫助一個人而已，無所欲求。似乎在這一來一往之中，我看到自己內心裡陰暗的一部分，平時看似無所求的給予，心裡卻有著強烈的想得到回饋，可能是物質上的回饋，也可能是精神上的回饋，一如沙特之言「我自稱是受百姓擁護的救星，其實私下裡為了我自己得救」，看到了赤裸裸的自私之我。

法師常常教導我為人處世的道理，有一次一位法師跟我說，「當你決定給予路邊乞討之人一些東西之後，你就不要再思考他是不是在以可憐之相坑騙你的錢財，既然懷疑就不要做，做了就不要再懷疑，接受，不再為此生煩惱」。確實，做了就不要再懷疑，不僅是不要再懷疑對方，更是不要再懷疑自己。給

吉祥平安

予別人的就要利索地給予，再期盼著那遙遙無期的回報，不僅是自尋煩惱，更是自我存在的一種缺失。向外求總是會讓自己生出諸多的焦慮和不安，如果有一天能夠不向外求，能夠給自己圓滿的存在，自給自足，或許那一天我們就真的完成了自我的實現。

這世界變化萬千，有時候，單純點未嘗不好。世界本來就是簡單的，只是我們拒絕了用簡單的自己來看它罷了。

10 老來下酒

在德華寺安安穩穩地睡了一個溫暖的覺，滿身的塵土被溫水一沖而去，全身的勞累也得到很好的去除，伴著太陽的升起，新一天的開始，跟法師一起做早課，吃了早飯便繼續出發。

埔里鎮是台灣南投縣轄下的一個鎮，舊稱埔社、埔裏（邵語：**Karyawan**、巴宰語：**Puri/Purisia**），取自原住民社名。其坐落於埔裡盆地之內，為台灣本島地理中心。由於位居台灣中部內陸風景點的中心位置，已逐漸發展為台灣中部的旅遊樞紐。

昨晚睡前就用手機查詢了埔里幾個吸引我的地方，決定給自己一個上午的時間，由外往內逛，然後直接騎向橫貫公路奔向阿里山。所以，我的首站選在了在埔里市郊的中台禪寺。早聞臺灣佛教四大山頭，北有聖嚴法師的法鼓山，南有星雲法師的佛光山，東有證嚴法師的慈濟功德會，想不到最後的中台禪寺坐落於埔里。

一來到中台禪寺，緊隨著就不斷有旅遊大巴開進來。看著走在眾人前頭的導遊們拿著的各色小旗子，河南、湖南、遼寧……全都是中國大陸的旅行團，不消幾分鐘就把空寂無人的庭院塞得滿滿的，好不熱鬧，有了小孩子的奔跑，有了大人們的大聲慨歎，也有了閃不完的照相聲。頓時，好想從中抽身，拚命地想跟他們劃分界限，可是殊不知自己也算是個大陸人，縱使我並不算他們團隊中的一份子。

平時跟臺灣人在一起玩，總會覺得自己畢竟不是臺灣人，而是個大陸人，現在有了一堆從故土遠道而來的人了，卻又唯恐避之不及。看來，我怕的不是大陸人這個標籤，怕的是人群，喜歡慣了一個人自由自在的生活，丟在鬧哄哄的人群裡，總覺得不自在，照個相也要左閃右閃，生怕出來個人傷了這番美景，更可況在這佛門聖地——尋得一片靜土真是不容易。

不知道這群旅客們來這裡看的是什麼，入門開始就不斷地擺出各種姿態跟花草樹木照相，或許旅遊路線就是這麼安排的，他們也不知道怎麼回事就順著導遊的帶領來到這裡。寺廟的佈置和擺設都大同小異，因為這些神靈放置的位置都有著規定好的規矩和儀式，臺灣數得上千年古剎的寺廟幾乎沒有，日治時期留存下來的建築都可以算得上

是一級古跡，可見其年代的短暫，要看古剎還非得回到中國大陸去找尋不可。法鼓山、佛光山和慈濟功德會的建築都非常現代化，不以年代而以雄偉莊嚴著稱，中台禪寺也不例外。

我站在四大天王的腳下很久，一直抬著頭與他們的眼睛對視，在想：「我在這裡幹什麼呢？」四大天王瞪大了眼睛，也傻愣在那裡，心想這娃也太怪了，是自己要跑過來參訪的，現在反過來問我們他來這幹什麼，子非魚也，安知魚之所想，我非你也，安知你之所思。

看著這些旅客們說說笑笑地繞了大殿一周，在神明面前參拜後就離去。你說是朝聖，那架勢那態度根本算不上；你說是觀光，佛門聖地淪為凡俗的觀光場所也甚是可笑。既然來了，遊客們也會順便參拜，求個平安。聽著導遊在旁邊給旅客們介紹，這棟建築是多麼的雄偉，花費了多少錢，這四大天王耗材多麼的珍貴，等等，似乎大家來到這裡是為了一睹中台禪寺的華盛，卻沒聽見關於佛法的故事。

見不到特別之物，也聽不到獨特之音，我也隨著眾人的腳步走了一圈，只是知道了自己來過中台禪寺，最後在池邊找了幾朵開得正盛的花朵拍了幾張照片，毫無掛念地離開了。有些地方，很早就聽聞過其名，可是來過了就可以了，似乎它的存在只是見證你到過此地的標誌。

下一站是有名的埔里酒廠，主要生產紹興酒、愛蘭白酒與愛蘭囍酒，現在以「觀光酒廠」的經營方向轉型，對外開放供民眾參觀酒文物館、品酒、介紹紹興酒與愛蘭白酒的特色、產製及飲酒文化，以及販賣相關酒副產品，其中以紹興酒蛋與紹興香腸最為熱銷。

沿著酒廠設計好的觀光路徑，遊走在堆滿酒甕的酒窖裡，感受著這個酒廠曾經遭遇過的風風雨雨，遙想當年，好不輝煌。接著埔裡甘甜之水，釀造出全台最好的酒品，在威權之下專產進貢之酒，這是其他地方的酒廠可望而不可及的，是上個世紀的皇家寵兒。在埔里酒廠當差那是何等的榮耀，隨口一說也自讓人心生羨慕，好不威風，可是依舊抵擋不住洋酒的衝擊，也抵擋不了九二一地震的重創和火災，幸而埔里的鄉親和酒廠的員工都沒有放棄過它，破釜沉舟殺出一條血路，浴火重生，也成就了今天產業觀光工廠的典範和楷模。

紹興酒冰棒是來酒莊不可不吃的，有紅豆、芋頭、米糕、花生和大豆五種口味，伴著濃郁的酒香味，帶著冰鎮的口感，非常獨特且順口；真的嫌老闆怎麼那麼吝嗇，

一根那麼短，嘴還饞著沒吃夠。

來這裡必須要品嚐的另一樣東西就是紹興酒，埔里酒廠到現在依舊是以盛產紹興酒出名。可紹興酒不適合我，真的是年少不知酒滋味，我小酌了一口，特別難受，不是酒氣太沖，而是猶如喝醬油一般。那一刻我終於懂了，為什麼紹興酒通常是拿來炒菜用的，或許因為我年紀太輕，經歷的世事太少，還喝不出酒中的滋味與歲月的沉澱。

為什麼我要這麼說呢？有一次我到臺北的國軍英雄館參加客家同鄉會的年會，席開四十桌，每桌必定有一瓶紹興酒。當時我看了，心裡還小小地在盤算嘀咕，同鄉會也太會省錢了吧，拿如此便宜的紹興酒而不用洋酒放在檯面上。可是我錯了，待宴席開始，看著那些老頭子已經迫不及待地打開紹興酒，把酒言歡，喝得甚是開心，一杯接一杯地下肚。這些老人很多都是跟隨蔣中正一起來到臺灣的，當年也是叱吒沙場的軍中豪傑，老了相聚，依舊只有紹興酒才能夠勁解心頭之癢，依舊只有紹興酒的那份土味，才能夠了慰昔日鄉土的情懷，酒與人，人與酒，都需要年代的陳釀，方才能品出其間的味道。

回憶若能下酒，往事便可作一場宿醉。對於那些老兵來說，歷史給他們開過玩笑，也給他們美好的守望。勿忘在莒，讓多少豪傑淚沾襟。記起那段歷史，沒有什麼目的，只是想家了，只是想對岸的親人了，只是因為自己是中國人。對於年輕的我來說，過去的一場愛戀也給了我一場空歡喜，雖有過美好的回憶，卻已讓淚水染得模糊不清，風吹過，泛起念想，記憶猶新，就像當初，我愛你，沒有什麼目的，只是愛你。

三杯紹興酒裝在肚裡好上路，乘著風，哼著歌，下一站是臺灣的最中心——臺灣地理中心碑，位於埔裡鎮虎頭山麓，緊鄰埔霧公路及埔里高工旁。蔣經國曾提「山清水秀」四字於其上，碑體造型美觀而雄壯，由兩面白色弧牆環抱，中間碑座為三米高之赭色屏牌，上豎一柱不銹鋼桿，最上端頂著兩個相交的圓環，整個造型如一朵半開的百合花，是具有地理性意義的遊覽勝地。整座中心碑，從台階下望，翠綠的山影襯出別緻的設計線條，十分壯觀。沿著碑後的石階而上，約四百餘階，便可登上臺灣地理中心天文原點虎子山頂，為台灣幾何中心點，亦是全台最大的三角點。虎子山頂有長年古松，鬱鬱蔥蔥，奇麗壯觀。登臨遠眺，可觀日出日落，亦能鳥瞰埔里盆地的風光。

我兩腿一彎，直接坐在了這個中心點上，管不著周邊零星的在晨運或帶小朋友嬉戲的路人們。盯著這柱子，望著這天空，吸著這空氣，嘿，沒想到我就正坐在臺灣最中心的地方耶！一樣是剛勁混凝土的柱子，一樣是那一片的藍天白雲，一樣是夾雜著青山綠水之味的空氣，只是因為「中心」，就變得與眾不同，頓有一種神聖的特殊感。如果把臺灣島用幾何的圓點編織起來，唯有我坐著的這一點才在最中心，雖然它長得跟其他點一樣，卻有其他點所不具備的特殊性。可是，把地方再放大一點點，放到東亞的範圍，或者把地方再縮小一點點，縮到埔里的範圍，這個中心點就不再是中心了。人又何嘗不是如此呢，粗看上去，每個人都有眼耳鼻色身，可是每個人都不盡相同，因為我們每個人所佔據的位置不同，我們所習得的經驗不同，這讓我們定格在不同領域的中心點上。

我傻傻地坐著笑起來了，兩眼一彎，張著嘴巴，腦子漫遊在雲層，想著要是那一天我能夠站在本初子午線的中點，那該是怎樣的一種感覺呀？我想，這就是做白日夢吧，真是接著紹興酒的殘餘好做夢。

咕咕的肚餓聲把我從夢裡拉回來，早晨出門的時候，法師特別塞給我香蕉和三個煎包，當時沒好意思要，法師執意要我帶上路，沒想到還沒離開埔里，就派上用處了。埔里的煎包果然不賴，一咬下去，滿口的菜香，口水不住地外

流，不出幾分鐘就把三個煎包吃進了肚子，飽了，該趕路了！

享受了一上午埔里的陽光，要跟溫暖的埔里道別，相當的不捨，不是不捨埔里，而是不捨有陽光溫暖的時光。沿著公路望去的又是霧氣繚繞的山，一層堆一層。

11 山澗櫻花

兩隻輪子不斷地往前飛速滾動，行駛在省道21線上。避開北上臺中南下嘉義的海線，同時也拒絕了溫暖旭日的照護，下一站的目標是阿里山。繼續沿著山線，從省道21線接上省道18線，也就是阿里山公路，85K的地方，它在等著我去安營。

開車不喝酒，喝酒不開車，這就是開車人最頭疼的地方。中途路過南投縣的信義鄉，遇見了梅子夢工廠，青山環繞，溪流蜿蜒，乍現其中，驅車勞累的我猶如他鄉遇故知，不自覺地把車子騎進了停車場。

梅子酒莊以布農族的格調佈置而成，還記得在《海角七號》裡面出現的賣酒哥手中推銷的「馬拉桑」，正是出產於此。酒莊有生產很多種酒，名字根據酒精濃度都被安上了別具一格的名字，有「歡喜幸福」、「忘記回家」、「長老說話」、「梅子跳舞」等等，看到就不禁讓人多想一點，躍躍欲試，我也一不小心幾乎每種酒都小酌了一口。梅子酒莊，顧名思義，以梅子為主，所以除了酒類，還有特別多的以梅子為原材料的延伸品，吃的、喝的、用的、敷的。這是我很佩服臺灣農會的地方，他們為了求得生存，都會把產品不斷地延伸和再創造，製作出非常多元的產品。

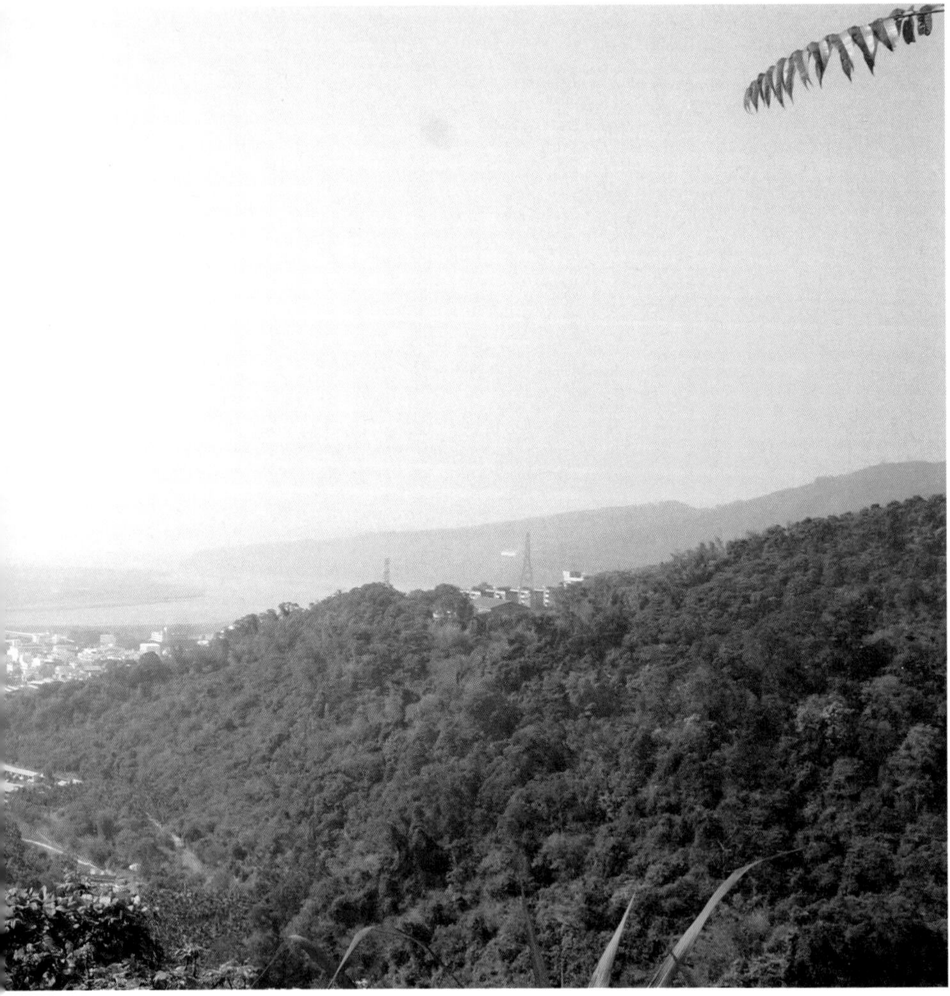

有酒壯膽好上路，身子微熱，豪邁地驅車繼續上路，頗有一股武松上山的感覺。時間是下午的兩點，路上的電子顯示牌不斷重複著今天的告示，從Ｋ１５８路段開始管制，開放時間從上午的七時到下午的三時，也就是說，若我在一個小時之內未進入Ｋ１５８路段，我就無法再前行，被關在了山的這頭了。

這真是考驗人的事情，山路七拐八折，上下連綿，縱使剩下１００公里的距離，依然沒有把握能否順利趕到那裡，更何況路上的自然冬景不斷地招搖誘人，多少次想停車好好觀賞一番，尤其是櫻花繁盛，一簇接一簇，漫天遍地，甚少能夠有地方看到如此密集而美好的景色，好一片冬季裡的光景。

山澗風起櫻花落，你知道櫻花瓣下

落的速度嗎？秒速五公分。

穿梭在櫻花道，想起二〇〇七年由日本導演新海誠發佈的《秒速5公分》動畫電影。時間是一九九〇年代至二〇〇〇年代的日本。遠野貴樹與篠原明里原本是同班同學的好朋友，自從小學畢業之後，兩人因搬家都沒有再見一次面。分隔兩地的兩個人，靠著書信往來保持聯絡，直到貴樹知道即將跟隨家人搬到鹿兒島，距離明里更遠的地方，於是兩人約定了再見面的時間。計畫好的行程，卻遇上了暴風雪。之後大家都長大了，各有各的生活，但對彼此的思念，一直留在心中。

好久沒有聯絡遠方的她了，不知回家過年的她可好？不知抵擋不住火鍋饞癮的她，有沒有關照好自己的胃？

穿過櫻花叢那個瞬間，我彷佛知曉了「永遠」、「心靈」、「靈魂」之所在，覺得好像將這些年間的點點滴滴都與對方分享，然後，在下一個瞬間——卻是難以忍受的悲傷……

秒速五公分很快嗎？平日的走路都已經不知要快上幾倍了，可是五公分的距離充滿了迷茫，有些不得不說的話隱喻在其中。兩個人，一個世界，只是簡單地生活著，悲傷到處累積，被日光曬著的被單，洗漱台的牙刷，還有手機的通訊記錄，想要觸摸遙不可及的事物，但那具體的是什麼卻說不上來，以及幾乎可以稱作是威脅一樣的回憶：我在臺北，你在武漢，往昔都曾駐足在紅櫻之下；我在南投，你在重慶，這個冬季看過了白皚的雪地，足跡已被掩埋，什麼時候，我才能和你一起賞櫻花？

「大哥，放我進去吧，我一路從臺北騎過來，你說我容易嗎？要去阿里山，這四處沒個紮營的地方，也不是辦法呀。」

到K158路段的時候，已經是下午三點半，超過了半小時，天色已經微暗。路障已經豎起來了，我被森林警察的大叔攔截了下來，「時間過了，不准進去了，明天再過來吧。」已經不想回頭了，一路多少次忍痛割愛，捨棄了多少美景，頂著寒風一個勁地趕路才來到這，死皮賴臉也要進去。

「讓我進去吧，我保證不停車，一路走，四點前從另一個封閉點出去。」

一直板著黑臉的大叔眼神開始動了，有救了。我後面開來一輛豐田汽車，只見大叔跟司機攀談了幾句就挪開了路障放行，回頭揮手跟我說，「走吧，一定要四點鐘從另一個點出去」。隱約間看到開過去的司機是個美女，借著這輛車帶來的福氣，我也衝了進去。

一路攀爬，霧氣不知道從哪裡升起，不斷地往山路這邊凝聚，開始變得越來越重。騎了這麼久的山路，這一段是我覺得最困難的一段，山路十八彎，頗多且又陡，眼睜睜地看著油表從籃變到紅，一路直掉，掉得我心都快出來了，卻還是望不盡的山路，真不知道什麼時候這車子就會熄火在那裡。

12 零度乘涼

塔塔加，鄒族人稱：Tataka，舊稱哆哆咖，海拔2610公尺，是新中橫公路最高點，位於玉山國家公園西北園區，這裡安置了一個旅遊服務中心。車子的油表讓我沒有勇氣繼續前行，前不見路人，後不見來者，不知道前路還有多長，面對不確定的未知，總是會生出恐懼和焦慮，既然有無所不能的旅遊服務中心，難得終於可以跟人說上幾句話了，起碼能夠給冰涼的內心帶來些暖氣。

在值班的是位中年婦女，埔里人。這兩地來回距離挺遠的，所以幾乎都是一個月才回去一趟。這裡的管理也採取輪班制，按月來換，上來山上值班的人都直接在這山上住下來，等到輪班的那一天再交接離開。她建議我直接開到阿里山，因為最近的加油站只有阿里山有，二十多公里的距離，一路下坡，應該用不了多少油。可是我一路提心吊膽上來，哪裡還有勇氣提心吊膽下去，爬了足足兩小時的山路，心和膽就隨著山的高度不斷地同步上提，掛在那裡，擺蕩來擺蕩去，真不知道什麼時候會掉落在地，散落一片片。

服務中心外頭，有一中年男子，來回徘徊。管理員處已經沒轍，看此人甚是面善，想起在停車場停車的時候看到有一輛汽車停在那裡，想必應該就是他的。我壯起膽量跑過去問他能否從汽車的油箱裡抽點油給我。他很爽快地答應了，可是卻沒有抽油工具。反正天色已晚，我也無法再前行趕路，已經打算在山上住下，便和他一起尋找解決的辦法。服務中心沒有，只好跑到小山頭上的警察局去。

警察大叔正在用晚飯，味道好香，嘴巴一直跟警察大叔訴說著我的情況，心和眼早就飄到他身後的滿桌飯菜，只差沒有撕下臉皮說能不能讓我一起分享了。警察局是有抽油工具，可是大叔覺得這樣弄繁瑣又危險，直接用鐵桶裝了滿滿的油叫我提下去加滿。這些長期在山上執勤的警察大叔都有儲備的油，否則前後都好長一段距離才有加油站，萬一出個啥事車子動彈不得，就真的是叫天天不應叫地地不靈了。

面善大叔繼續游離在外頭，望著天空，雙手放在身後，略有所思的樣子。這段時間很尷尬，天色已經黑了，可是時間才剛到五點，山上娛樂很少，在城裡待慣了的人都害怕在山上的漫漫長夜，害怕無聊的悶熬，所以我和面善大叔志同道合地決定先在外頭繼續晃蕩閒逛一番，到不遠處今晚要下榻的東埔山莊去。

面善大叔算是我旅途中的第二個驢友，他是中興大學的博士，正好來玉山做山地土層的勘探。他也跟我一樣，看到路段管治的公告之後一路狂飆上來；更關鍵的是，他也是和我同一個星座，牡羊座，只不過他是星座達人，我是星座白癡，我們相談甚歡。一直見他觀天帷幄，才知道他一直在看天色，也跟服務中心的管理員交談氣象觀測站的資訊和影像，這關係到他明天勘測任務的成敗。

東埔山莊是在民國57年由林務局興建完成，位於塔塔加鞍部，可容納106人，都是上下鋪設計。我以為冠之於「山莊」二字的旅店價格都不菲，正如山

莊二字所透露出來的格調一般，所以當我聽到每床位才300元時，大驚！待到我在門口細細閱讀住宿規定的時候，心中更是大喜，發現持有臺灣大學學生證者一律享受五折優惠價格，也就是才150元。這種赤裸裸的差別待遇，讓我頓時對臺灣大學抱有特別強烈的歸屬感。你看，只有臺灣大學的教職員工才能夠如此哦，人比人氣死人，可是人比人也會樂死人，全看你是此人還是彼人。這種特權的尊享，似乎把自己的身份標高而得到優待，似乎把自己同普羅大眾中抽離出來抬高被特別的善待，雖然真實的情況是自己依舊普通，深山老林裡的自己又跟誰比較呢，只能跟想像中的他人比較罷了，但卻有了一種被臺大呵護的感覺，就好像小孩子爭搶媽媽，「你看你看，媽媽只給我溫暖的抱抱，不會給其他人！」平日在臺北，身上背負的台大標籤變成了一種習慣，不假思索，也無需思索，成為了一種理所當然，久了它就融入了你的生活裡，成為了生活的底色，已經不太能夠覺察到它的存在。享有著它帶給你的資源是理應的，伸手索取，無需理由。可是出門在外，誰也不知道你來自何方，面對深山裡的大樹們，它們也不關心你是不是台大人，當一個不經意間發現台大在這裡也通過另一種方式提供你便利和資源的時候，這是你不曾奢望過的，就會有一種由衷的珍惜和慶幸，以前被潛藏在幕後的標籤開始浮現，慶幸自己是台大人而不是其他學校的，不再認為這是自己理所當然得到的，而成為了台大給予自己的一種恩賜。

生活中有著太多的東西因著我們對它們的熟識、習以為常，漸漸地成為了我們的「慣習」，不再過多地詢問為什麼，甚至忽略了它們，以為它們消失了，殊

不知它們沒有離我們而去，只是成為了點綴我們生活的銀幕；我們在銀幕上演繹著多姿的生活樣態，早已忘記了讓我們得以呈現的銀幕。只有逃離出我們熟識的場域，離開我們的舒適圈，跳脫我們的框架，把銀幕撤去，才會發覺銀幕曾經存在過的蹤跡，才會發現那些被我們熟悉到不經意間忽略而去的人或物。正如我們常常被責罵的：「身在福中不知福」。我們在溫水中太久，已經不記得水有溫度這件事。每一次的出走，每一次的挑戰，都是讓自己從溫水中跳脫出來，感受冷暖，重新找回那份幸福的溫度。所以我們的離開，並非就這樣一去不復返，而是為了更好地回來。且行且珍惜，有「行」才會有「珍惜」。

一路期待著豔遇，一路期待著能夠邂逅女背包客，一路都在期待，期待總落空，然後收穫一堆堆的意外，遇見面善大叔也是轉角遇到的一場意外。面善大叔跟我一樣，有著牡羊座浪跡天涯的衝動、熱血和浪漫，所以他選擇了地質勘測，一年總要出來在山裡跑上幾十趟，直到把山都跑透了，把樹都看穿了，還得繼續；面善大叔也跟我

一樣，有著牡羊座三分的熱度和七分的怠惰，車子裡滿滿地載著露營的裝備，多少次他都想出去，可是設備買好了，行李打包好了，退堂鼓卻也敲響了。這次匆忙間直接把所有都丟上車，看看開封拿來用的暖暖包已經是去年買的了。

今晚我們自己煮了泡麵，瑟瑟地在屋裡邊吃邊聊著彼此的德性，越聊發現越多共同點，越聊越是起勁，面善大叔對星座頗有研究，開始指點江山，我似乎得到了知音，也似乎得到了諸葛軍師來輔助指引。

山莊的管理員在大廳裡看電視，身邊放著電烤爐，好幸福。山莊裡沒有別的旅客，只有我和面善大叔二人，睡在16人房裡，我們都戲稱它為「大冰窖」。雖說是房間，卻只擋風不禦寒，床上的被子很是厚重，跟冰塊一樣，重著並冷著。我和面善大叔的第一件事情就是搓了暖暖包丟進被子裡，搓了好幾個，一些也放在身上的衣服裡取暖。暖暖包，是個好東西，搓著搓著，都不知道是暖暖包讓人暖和了，還是搓這個動作讓人有了運動發熱了，只是我和面善大叔都搓得手發酸。

室外溫度已經降到了零度，難得來大山裡一次，都市的霓虹燈跑得遠遠的，早就聽說玉山上看星空是件很美的享受，我和面善大叔都已經眼饞得不行，好像幾輩子沒有看過星空的人了，決定要去門口乘個涼，看星星，搞得像夏天吃完飯要來個乘涼那樣隨意。

正好托面善大叔的福，有了小桌子，擺上一堆吃的小零食，有了兩張折疊躺椅，可以躺在上面鋪著遮光罩當被子仰望星空，好是享受。我們都倒了剛剛煮好的水泡了茶出去，沒多少時間水溫就去了一半，兩個人哆嗦著雙手擺設著桌子和椅子，手都快失去了知覺，只好一下子握握熱水瓶，一下子揉揉口袋的暖暖包，兩個身影躺在那裡，顫抖著嘴巴聊著天，已經沒人願意再伸手去把桌上的零食打開往嘴裡送。

這就是，兩個瘋子大冬晚的乘涼。不過，星空真的很美，感覺好近好近，伸個手都可以摘下來那種感覺。面善大叔很懂星辰，用嘴巴指點著告訴我哪幾顆星星組合裡來是獵戶座，巨蟹在哪裡，銀河在哪裡，等等，有時候言語不到的地方，他動動唇部，希望能夠形成個尖角指點出方向，可是大晚上的如此微小的動作叫人家怎麼注意得到？他也只好無奈地從口袋裡伸出雙手指出方向給我看。

他說，明天帶我一起去勘測，用航拍的技術。

航拍，使用無人飛機，聽起來真不賴。

十點，我們一一睡去。

13 初遇玉山

六點起的床，彼此都做了奇怪的夢，想到余德慧關於夢與生活的詮釋。「夢是生與死之間的生活，如夢的意思是把白天的日子結束，讓白天的生命死去，而讓生命在另一個幽冥的世界活過來；夢醒時分，則是在幽冥世界死去，到另一個意義的世界活過來。每天就這樣死去活來，活來死去，輪回不已。」兩個牡羊男死去活來了一番，相互道聲早安，拖著軟綿綿的身軀，迷迷糊糊地開始刷牙洗臉，喚醒依舊沉睡的皮膚和朦朧的雙眼，太陽已經在遙遠的山那頭升起，雖然看不見，可是天空開始漸漸地泛藍，站在大廳巡視著好多扇門，管理員還在其中一扇門背後呼呼大睡吧。

進行航拍的另一組技術人員五點鐘就從埔里出發，已經到計畫的地點開始架設裝備，面善大叔帶上我去跟他們會合。

清晨的塔塔加，眺望著玉山群峰的峰巒，清涼清涼的，好舒服。汽車的擋風玻璃經過了一夜的曝露，已經結上了薄薄的一層冰，面善大叔使勁用抹布才擦出一個小圓形，可以讓視線穿透玻璃看到公路。離開東埔山莊的時候，專門留心了溫度計，一度半。

會合的地方定在夫妻樹下。塔塔加夫妻神木，亦稱夫妻樹。早期布農族里流傳著一段淒美的愛情故事，講的是村中一對戀人，相親相愛，卻遭受雙方家長的百般阻撓，不求同年同月同日生，但求同年同月死，於是雙雙跳崖殉情，數年後，在他們跳崖的地方長出了兩顆紅檜，村民為了紀念這對恩愛的情侶，稱其為夫妻樹。

我環著夫妻樹轉了一大圈，從各個角度試圖看出它們夫妻的樣態，頭腦飛速地旋轉，努力發揮著我的想像力，依舊看不出一點情侶的樣態，只看到兩根乾枯的樹幹立在那裡，好像兩個冰冷的鐵叉豎著，隨時準備叉住天上掉下來的餡餅嗎？不過，兩棵枯樹緊緊地挨著，歷經上天的考驗，赫然獨立在懸崖邊，以大山為衣，以蒼天為帽，蒼凛絕然，遺世獨立，千年來歷經滄桑，看盡天地，不失君子之風骨。

面善大叔看沒人，打電話確認才發現另一隊人不熟悉山上情況，報錯了地點，他們也已經找不到可以定位他們的標誌，只是知道我們彼此距離不遠。我和面善大叔就一路驅車，一路觀景拍照，最後在服務中心下面的停車場找到了他們。

無人飛機沒有想像中的那麼大，也不是電視新聞上看到的白色，因為那都是軍用偵查的無人飛機，而現在用的是商業的勘測無人飛機，特別像模型飛機，只是它變得更複雜和更高級，機身要裝載單眼鏡頭，有遠端操控的電子儀器和信號接收器，技術人員在每一次的起飛前都要小心翼翼地把零件組裝，檢

查驅動和平衡。因為在山區沒有合適的跑道，就用彈繩往後拉形成一個彈射的助力，讓飛機借力起飛。研究人員通過接收器接收飛機不斷回傳回來的信號，觀察飛機的走向和取景。完成任務之後，在山的另一邊，有另外一組人會操控飛機降落，完成回收任務。

我站在技術人員的後面，看著飛機就這樣消失在視線之中，眼睛都捨不得眨一下。盯著電腦的螢幕，跟著飛機上的攝像頭一路飛過的山巒，綠油油的一大片，中間夾著一條蜿蜒的湛藍水流，好美。整個航拍用了四個小時，開出去兩台飛機，路過的人都會很好奇我們在做的事情，都會把車子停靠在一邊，過來問個究竟，看個清楚。大家聽到無人飛機，第一反應都跟我一樣，眼睛突然發亮，似乎自己在這個深山裡面發現了什麼稀世珍寶，問東問西，面善大叔特別友善，不厭其煩地跟過來的人重複著同樣的話。

十二點完成任務，難得好天氣，高山氣象變幻莫測，萬里無雲的時光怎能輕易放過。我和面善大叔都決定爬爬山，到玉山登山口看看好了。一月份的玉山正好是雪季，山頂都是積雪，沒有雪山登山裝備是不允許進入的；到了二月，整個玉山就到了雪季封山期，完全不對外開放。玉山登山口距離塔塔加不遠，我們從塔塔加的警察局出發，走走停停，一小時的功夫就到了玉山的前鋒。面善大叔自認年紀大了，已經走不動了，他看我精力十足，周邊也沒有管制，就叫我爬一小段玉山，到山的拐角那頭，視覺到不了的地方，看看是怎樣一副光景。

上玉山的路不好走，這邊的山體本就不穩固，再經過風災之後的修補，一路都散落著碎石，只有一個人的寬度，左手邊是大石頭，右手邊是深山谷，下雨天來，腳一滑，估計也就是通往西天之路了。難怪乎曾經有一個韓國背包客來挑戰玉山，登頂了，下來的時候說再也不想登玉山了，說了一句「簡直不是人能走的路」。

我從玉山前鋒出發，往玉山北峰進軍，距離不遠，也就接近兩公里而已，可是卻很難爬行，因為海拔上升地很快。我給自己定了半小時的時間，不論自己能夠走多遠，半小時的時候就要往回走了。深山起霧時間早，天色也多變，要在暗下來之前回去。為了能夠盡可能地走遠一些，我幾乎小跑著前進，上山感覺興致盎然，向前衝著，一點都不覺得累。半小時後開始折返，整個人簡直快癱在那裡不動了，大口地喘著氣，不敢一路順著下坡的重力往下衝，萬一剎不住車就直接飛出去了，那可不像動漫中的人物還可以用飛毛腿從空中跑回來。另外，這種一味地下衝會帶來嚴重的後果，膝蓋的關節容易受傷；在合歡山上的一次小摔，膝關節上的傷口隨著褲子的摩擦到現在還隱隱作痛呢！

記得民國100年的時候，我到

香港參加樂施毅行者活動，它是駐港英軍啹喀兵的一項步行籌款活動，首屆於民國70年舉行，自此成為了香港最大規模及最主要的體育籌款活動，由樂施會舉辦，每年籌得款項約佔該年籌款總額的15%，用於推行各項扶貧救災及倡議事務，為不同地域、性別的貧窮人改善生活，不分種族、宗教和政治界限。規則很簡單，參加者4人組成一隊，沿途必須互相扶持，一同報到，共同克服種種困難，挑戰體能極限。每組隊伍最少提前3個月開始組織支援隊伍、計劃行程及不斷練習。每支參加隊伍，最少須籌款達港幣6800元，籌款達港幣28000元的隊伍，將被列為特別隊伍，可優先參加來年的樂施毅行者。參加隊伍需要翻越20多座山頭，

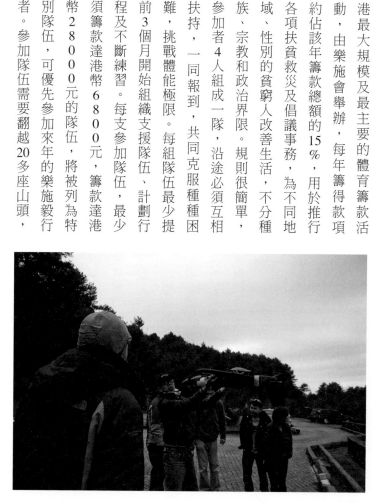

包括全港最高的大帽山（９５７米），於48小時內橫越１００公里麥理浩徑，活動起點為西貢北潭湧，終點為元朗保良局賽馬會大棠渡假村。

我參與的隊伍從下午開始出發，開始的路段總是最為輕鬆的，人的興奮和精神的飽滿，走得很快。一直跑田野的我向來都直覺地認為上坡難下坡易，上坡總是要使出吃奶的力氣讓軀體往前，下坡隨著重力的吸引自覺地會往下走，但是那只對短途而言是有效的，對於長途跋涉來說，一不小心將有致命性的傷害。第一天的下坡路，我都狂奔而下，有經驗的登山者都會扶著周邊慢慢剎住腳步走下去，只有我這般的初手才會傻乎乎地一路衝殺下去，自我感覺良好，輕鬆又不失速度，然而入夜了就知道厲害，膝蓋開始發疼，劇烈的下衝運動讓膝蓋承受了堅實地面給予它的反作用力，速度越快，地面對於腳的反作用力也越大，是膝蓋的隱形殺手，加速膝蓋的損傷。待到比賽結束，我的膝蓋就幾乎作廢，隨便彎曲就

8.0
排雲
0.5

會發出關節的響聲，上下坡都會變得吃力，微痛了整整一學期。打那以後，我深刻地明白了，原來爬山跟寫毛筆字一樣，筆劃越少的字，越是難寫得恰到好處，越是看似簡單的地方越是需要留心，上坡固然費力，可是下坡也未必見得輕鬆，危險常常就隱藏在暗處，短暫的歡快之後是長久的損傷。

拄著面善大叔給我的兩根登山杖，一步一步地往下走，四隻腳在這碎石路上下坡，真是個不好協調的事情，每一次的前行都要尋找兩根登山杖可以立足的地方，心又常常被路邊的秀麗山巒風光帶走。在高山上放眼群山，霧已經升起，形成淡淡的一層滾動著的雲海。望洋興嘆，被壯麗之色所征服，想必站在主峰之巔應該更有一番不可言說的意境。這次無法登頂，心都在為之惋惜，默默地給自己下了決定，離開臺灣前我一定要登頂玉山，誰叫我突然間窺見了玉山之秀，深深地喜歡上了它。

雲層跑得很快，不見得都是白裡透亮的雲，也有黑壓壓的大塊烏雲迎面而來。下到玉山前鋒的登山口時，黑雲已經籠蓋在頭頂，天色頓然暗了下來，霧氣迅速加重了很多，氣溫也陡然下降，濛濛的露水充斥在空氣中。本來我和面善大叔決定從另一條路繞過小山丘過去，見如此天色，不敢再往山丘裡走，只好原路返回。深山的脾氣說變就變，才沒走出幾步，陽光又撒滿一地。

「這深山山神的脾氣常人難以捉摸，在這裡萬萬不可講鬼故事，這是很多登山者都知道的禁忌。年輕的時候，我不信那一套，跟朋友外出登山都喜歡講鬼故事，無聊嘛，那一次也是頓時變天，我們決定原路折返，來的時候明明一小時的腳程，回的時候都是沿路走卻足足四個小時都還沒出去，天黑了，最後迫於無奈吹哨求救，一吹就看到遠方霧色散開，有燈光人影，之前我們卻怎麼都沒有發現，就是這麼不可思議。」

面善大叔跟我講起他的登山經驗，我的經驗則很少，也只有在田野的時候爬過山，當時是在海拔三千多的村裡做田野，偶爾會往山上走去看看山頂平地上的犛牛和羊群，當地人就三番五次叮囑我，在山上千萬不要大聲喊人家的名字，一喊就不知道會喊出什麼來。當地人在深山裡行走，縱使都知道大夥的名字，平日也會直呼，可是到了山裡頭都以「嘿」代稱，否則你會害了那個被你喊出名字的傢伙。這跟面善大叔告訴我的深山禁忌很不同，雖然一樣是人處於對大自然的敬畏，對於山神的信仰，對於多變的恐懼，卻發展出不同的傳說和禁忌，它就是比珍珠還真地存在著，人們也是這樣相信，都尊奉著這一系列的禁忌和儀式，可是它又說不出真實的緣由，因為流傳下來的都是一個個的傳說。真真假假，假假真真，大千世界，就這樣運轉著。

Tip

給自己來一場儀式

儀式，並非形於外在，它是聚攢能量紓解生活世界帶來的情緒的一種展演。它的力量，我們可以從「生日」這一儀式中體會到，尤其是每個人的十八歲生日，亦是每個人的成年禮，它雖然與其他生日相差無幾，但是因著它加入了「成年禮」的儀式韻味，在每個人的生命歷程中就扮演中舉足輕重的作用，進而完成從少年到成年的跨越。同樣的，坐月子、結婚、喪葬等等，人生中充滿著自小到老的各種儀式，不僅見證人們在每個人生轉折點的過渡，更是緩和每個人從此到彼的瞬間角色轉變的衝擊。所以，當自己身上帶上了不喜歡的習氣或情緒的時候，何不給自己來一場儀式，用自己的方式來給祛除這種習氣與情緒做一場儀式，不僅從心裡告訴自己改變的決心，更是堅定自己迎接新的自我。

有一次，我旅行到海邊，面朝大海，想起張雨生《大海》裡的歌詞，「如果大海能夠帶走我的哀愁，就像帶走每條河流，所有受過的傷，所有流過的淚，我的愛，請全部帶走」。於是，我給了自己一個小儀式。手邊正好有剛喝完的寶特瓶，打開蓋子，我朝瓶子大聲喊，「親愛的，我真的很愛你！」然後趕緊旋緊了瓶子，用力地把它扔向大海，算是對過去的一段感情做一個切割，希望自己的舊感情能夠讓大海帶走，給自己一個新（心）的開始。

14 旅者離情

天下沒有不散的宴席，習以為常的一句話卻飽含諸多的感傷。安慰他人的時候，總覺得散與不散乃人事之無常，何必僅僅抓著無常不放，可安放在自己身上的時候，態度就變得不那麼超然了。縱使世間無常事太多，自己的心卻緊緊附著在無常之事上，久久不忍放手。

從玉山前鋒下來，回到停車場，是我和面善大叔分別的時刻。流動的空氣就這樣地停住了，兩個牡羊男站在臺階上，眺望著山巒彎彎曲曲的線條，享受著這最後的二人暖陽。和面善大叔一起的時間是輕鬆快樂的，我就像大雄，第一次出門，豬頭一個啥都不懂，面善大叔就是我的哆啦A夢，隨時都能夠從他的後車廂裡拿出各種法寶，跟著他吃了好多的零食，吃了好多的王子麵，聊聊天，夜晚不再漫長，如果可以，真想跟著面善大叔一路旅行下去。

歡愉之後獨自上路，是落寞離別。回首相遇是如此的短暫，縱有再長亦不覺耐煩，只覺當初給的期許太多，以為相遇了就不會再分別，竟是奢望。從小到大，一次次地相見，又一次次地道別，雖不及愛人間的生死別離之淒淒慘慘，可想到前面的路上就不再有友人相伴，又要回到孤獨的一人，自是黯然神傷。很喜歡朋友送給我的一句話，「人終究是一個人獨行於路上，我們一直在我的，不過是同路人，只是每個階段需要的同路人不一樣。或親密無間地依賴、或意氣相投地愜意，或僅僅是並肩看海的萍水相逢。得時莫患失，失時莫憂寡。一切皆是緣分。」所以，常常喜歡用高適的「莫愁前路無知己，天下誰人不識君」自勉之。

我們都只是彼此的過客，都只是彼此的驢友。旅行是一個很自私的過程，每個人的旅行只能屬於每個人，在旅行中的人都有著自己要走的路，我們相遇、相談、相伴、相知，彼此給予支持和鼓勵，舒適得讓人不再想離開，然而不離開，旅行就沒法繼續。人與人的際遇是奇妙的，也是相互的，你成全了我，我也成全你。以前，一個朋友失戀了，我常常陪她到深夜，聽到好的歌曲分享給她，待到有一天她終於走出來了，她跟我道謝，謝謝我陪她一起熬夜，謝謝我陪她一起走過那段日子；我也跟她道謝，謝謝她也一直陪我度過了那麼多個夜晚，謝謝她陪我走過那麼些日子，陪伴是相互的，我陪了你，你也陪了我，誰也沒有欠誰的，如果要說欠，也只是欠了自己的。人世間的事情，這麼一想，妙不可言。

雖然萍水相逢，面善大叔卻教給了許多，帶給了我很多啟發，看著面善大叔的眼睛，我笑了，因為我的出現也帶給他很多的樂趣。面善大叔突然想起我露營沒有帶上隔氣墊，連忙把頭埋進後箱翻著東西，把他帶來的六人隔氣墊塞給我，只可惜這麼大的隔氣墊，不論我們動了多少腦經費了多大力氣還是無法讓機車塞下，只好作罷。面善大叔順手拿出隨身攜帶的可攜式三腳架，我也把相機架在上面，設置好相機自動拍攝，趕緊跑到面善大叔的車頭處。

喀嚓——

我和面善大叔的相遇就這樣定格在了那一秒，不再了，卻又永存著。用相機留下時間的腳印，待到結束、老去的那一天，打開藏寶盒，看著這一頁的記憶，會是怎樣的一種感情呢？會不會是夏宇筆下「把你的影子加點鹽巴醃起來，風乾／老的時候下酒」的風情？

15 阿里山夜

不再上坡了，一路直下，九彎十八拐，車子也漸漸多起來，尤其是遊覽車一輛接一輛，躲都沒法躲，就這樣被大車貼著開了過去。氣溫慢慢地回升，空氣裡開始充滿著人氣，感覺又回到了人間。阿里山公路很寬，紅櫻和白梅間雜，葉瓣也不知幾何時飄落了一地，好似人間桃園，美不勝收。

小時候就常常聽到父母唱著鄧麗君的歌，音樂課上也用著五音不全的嗓音學唱著《阿里山的姑娘》，嘴裡念著阿里山，卻不知道阿里山在哪裡，或許是在青藏高原那邊，也或許是在黃土高坡上，只知道它應該是座山，否則怎麼會叫阿里山呢？

長大了，聽說了在海的那一頭，在廣東的東北方，有著一個叫臺灣的地方，才知道阿里山是在那裡的一座山。又長大了一些，從地理課本上才知道，原來阿里山並不是一座山的名稱，只是特定範圍的統稱，正確說法應是「阿里山區」，地理上屬於阿里山山脈主脈的一部份，東鄰玉山山脈，北接雪山山脈。再後來到了臺灣，聽當地人說，阿里山自然景觀極為豐富，日出、雲海、晚霞、神木與鐵道並列為「阿里山五奇」，而「阿里山雲海」更被列為台灣八景之一；而今，我終於踏足在這裡，站在這厚厚實實的土地上，準備一睹這裡美如水的姑娘，準備尋覓這裡壯如山的少年，更等待著眨眼醒來的日出雲海。

提前預定了阿里山下的露營山莊，要在阿里山風景區找個可以露營的地方還真不容易，而且還要是個觀日出的絕好視角，免得自己大清早天沒亮就要爬起來趕火車趕腳程。

因為這個時間，幾乎沒有遊客會選擇露營，山莊裡空蕩蕩的，難怪老闆還肯給我優惠價格。露營點在一座山頭，山的周邊都是茶園地，山頭有很大的用木頭建構起來的觀景平臺，三百六十度可環視的無敵視野，只要明天天氣好，定不會失望的。

老闆一直沒有露臉，叫我自行安營。曾經營專門提供背包客露營的山莊，想來這個老闆應該是個愛好旅行的有故事的人，自己已經開始了各種的浮想連篇，邊紮營邊好奇老闆會是怎樣的一個長相，今晚我將能聽到老闆如何的人生故事，越想越是等不及想一睹廬山真面目。

你知道嗎，這個世界上有些事情真的是不知道為妙，因為想像總是來得比現實美好。就好像大學的時候，喜歡走在校園裡，跟著一群光棍男尋色正妹佳麗，高挑的長腿，優雅的步態，婀娜多姿，一眼往前望去，已是口水一串串，迫不及待，加快腳步，一睹芳容，可是往往悲劇就發生在擦肩而過的一剎那，全毀了，我們的腳步更快了，趕緊往前走躲閃開去，然後大笑，「見過醜的，沒見過這麼醜的，好一個背影殺手，背多芬」，年少輕狂的日子想來總是幾多歡喜。

過來臺灣念書，就常常聽到很多來過臺灣的大陸客嘴上都會掛著這樣的調侃詞：「不來臺灣一輩子後悔，來

了臺灣後悔一輩子」。小時候就唱著阿里山的歌，讀著日月潭的美，好不容易長大了，臺灣開放陸客旅行了，那些來去匆匆的陸客們總是喜歡比較，嫌阿里山還不及五嶽，日月潭還不比西湖，可是這能怪誰呢？阿里山和日月潭從古至今就這樣地存在著，只是想像中的它們太美了。

老闆在夜色將至的時候驅車來了，寬大的臉蛋，大大的黑眼圈，貂皮大衣，自有一副盛氣凌人的架勢。晴天霹靂，完全跟我想像中的人不一樣，整一個富足的老闆形象，一點都不覺得親切祥和。跟我收了錢，就自個躲到山屋裡面看起了電視，丟我一個人在露營區，沒有了想像中的故事，好是冷漠。肚子餓，算算時間，反正夜那麼長，早就聽聞奮起湖便當是來阿里山必品之物，就驅車到奮起湖找這傳說中的便當。

奮起湖的老街一如很多的老街，矮矮的屋舍，石頭砌成的步道，兩邊是密密麻麻的商鋪，有些留著上個年代的建築，有些是有意裝潢成往昔懷舊的風格，販售的東西與其他地方大同小異，沒有太多的不同，不小心還以為是在九份。

每一條老街都有它自己與眾不同的故事，正如臺灣從南至北的上百條夜市，並非這條夜市有著其他夜市所沒有的東西，而是這條夜市有著其他夜市所沒有的故事。奮起湖便當，隨處都可以買得到，只要有7/11的地方，你就可以看到方方正正盒子上面畫著一列古舊的火車頭，五個大字，「奮起湖便當」，內容物也大同小異，大大的雞腿加之各種的小菜。

可是在奮起湖吃奮起湖便當，你就會感受到其他地方吃奮起湖便當所感受不到的味道，似乎因著在奮起湖的緣故，感覺吃在嘴裡的才是貨真價實的奮起湖便當，好似以前吃過的無數奮起湖便當都成了它的贗品。坐在奮起湖的火車站旁，捧著奮起湖便當，嘴裡咀嚼著的似乎不再是飯菜那麼簡單，感覺每一粒飯，每一片菜，都有著奮起湖過去那一年代的味道，這種味道姑且把它稱作「昔日情懷」吧。火車穿梭其中，車水馬龍，木屐踩在石路上的咯吱聲，伴著人來車去的喧囂吆喝，夾著打開便當隨逸而出的香味，嘴裡細細品味著經過牙齒磨碎被舌尖知覺到的一絲絲奮起湖的味道，自己坐在這裡，回到了那個年代，猶如在看著一幕幕的歷史畫面。

饑腸轆轆的我，已經管不了那麼多的禮節，也理會不了那一份旅者的人文矯情，歷史無法抑制腸胃的哭喊，唯有實實在在裝在便當裡的米飯才是當下的救贖。雞肉還是雞肉的味道，高麗菜還是高麗菜的味道，雞蛋還是雞蛋的味道，吞咽下去，好像感覺到了什麼，卻又沒有什麼感覺，可是常人卻道，到奮起湖必吃奮起湖便當，沒有吃奮起湖便當莫道來過奮起湖。一路趕過來，從露營的山頭沿著扭扭曲曲，黑不見底的小公路開了足足一個多小時的車，寒風瑟瑟，放棄了沿途許許多多沿街散佈的餐館，就是為了這麼一個奮起湖便當，吃下去之後，價格不便宜，肚子依舊沒有飽足感，不捨得再買個奮起湖便當，也沒有味好到讓我不自覺地想再來一個，只好多喝了幾碗湯，希望湯裡的油水能夠讓自己飽起來。

求的是什麼呢？坐在我周邊的也都是在這裡住宿的遊客，有年輕的也有年老的，有國外的也有臺灣的，或許這就是一種旅行者的儀式吧！吃過了才有一種來過的感覺，就好像一年三百六十五個普普通通的日子，卻有那麼一天叫做「生日」，這一天中總要來點與眾不同的節目，可能是要吃一些特別的東西，也可能要來個特別的聚會活動，總之就是有一種特別的行為來標誌這一天，似乎只有通過這個特別的行動才能讓自己長大一樣。在一個地方吃著屬於這個地方的東西才能證明自己來過，可是證明給誰看呢？誰又會去在乎呢？我們也不假思索地就這麼做了，這就是儀式的力量。

我們會說奮起湖是一個有故事的地方，有怎麼的故事呢？因為它曾經有個火車站。故事在哪裡？似乎什麼都沒說，可是卻好像真的講了一個故事。感官接受刺激時，也開啟了我們社會認知的開關，旋轉了文化想像的按鈕，為了清除確認各種知覺的趣味，在大腦的海馬回路中動員所有的感性能力，捕捉曾經有過的記憶，把視覺和味覺之物與藝術的經驗，賦予同一性的感動。

看著火車站的日式風格，看著火車站留下來的火車頭，這些都已經是我們不可觸及的過去。陌生，因為我們不曾屬於那個時代；熟悉，因為我們通過文本、影像回到過那個時代，一種最熟悉的陌生感。在這個當下，空氣中漂浮著一股懷舊的元素，一個屋頂，一個招牌，一個車頭，都是一個個過去影像的濃縮，都是一個個過去視覺的象徵，沿著它們的足跡，我們重回到了過去。想像本來就是世界上最為美好的事情，沒有邊界，無所不想，無所謂不可能，從自己出發，沉淪其中。

看著奮起湖車站，吃著奮起湖便當，這份往昔之情落在每個人身上，繪出來每個人不盡相同的想像。每個人都在讀著奮起湖，而奮起湖也在每個人的閱讀中得到生命的延續，此刻的這一份，是我的，也是奮起湖的，人與物就在這一刻得到交融。久了，人與物就生出了一個孩子，叫文化。「奮起湖文化」，有人能告訴我，這個孩子長什麼樣嗎？

16 奢談孤獨

正好是農曆十五日，圓月高高掛，從奮起湖回來，把帳篷搭起來，搬來兩張凳子，一張我自己坐，一張給背包坐，在這夜黑風高的月明之夜，總是需要有個伴，背包一路陪我走來，難得有閒情坐下來一起把月沉思。

背包是借我朋友的，我也有自己的背包，不過放在了家裡，田野三年都是靠著自己背包的陪伴上山下鄉。來臺灣的時候沒有想過還會用到背包，匆匆忙忙中出發，懶得專門去買一個登山背包，幸好有人相助。

翻著背包裡的東西，看看隨包帶來的食物還剩什麼，一一拿出來放在凳子上。似乎是老天有意，居然意外地發現了一小瓶的威士忌，迷你型小瓶，正好夠一個人喝，不是我帶的，應該是包包的主人不知道在哪一次的旅途中留下來的紀念品，已經懶得相問，直接開封，伴著如此良辰美景正好下酒。

錯過了在合歡山上的星空，在阿里山補回來也不錯。但魚與熊掌不可兼得，明月當空，星辰也逐步隱沒在無垠的黑暗。紅櫻花落梅花白，緊裹衣領，獨坐山頭，想起雲中誰寄錦書來的李清照，「把酒對月，人生幾何，同是雁字回時，月滿西樓。花自飄零水自流。一種相思，兩處閒愁。此情無計可消除，才下眉頭，卻上心頭。」

一路來，收集的寒氣刺進肌膚，把深邃的孤獨從骨縫中擠出，好像失落的小孩無助地在天際行走。頭髮油亮油亮地緊貼著腦門，臉蛋上已經佈滿了風寒的裂痕，過去的幾天，已經無暇他想；盯著寒風一直趕路，餓了塞幾塊餅乾，冷了咬幾片巧克力，這一刻終於可以好好地安定在這裡。有誰欺負我嗎？沒有，可是心裡卻有一種說不出的委屈感。孤獨本就是人的常態，可是卻從沒感受過如此孤獨的時刻，才發現自己原來是一個如此害怕孤獨的人。

我是一隻沒有安全感的牡羊，經常在奔向田野的火車上，喜歡一個人坐在窗邊，抱著枕頭，就這樣透著玻璃，望著刷刷而過的景色，腦子空空，就這樣待著，度過一個白天。打從上學開始，就開始了我逃跑的人生，似乎過去的二十五個春秋，都是不斷地跟「家」玩著你追我趕的遊戲。國小的時候，在媽媽任教的學校，心裡早就埋下了一個心願，一定要趕緊混到畢業，要去一個沒有媽媽在的國中。國中的時候，在爸爸的學生任教的班級，放個屁老師也會偷偷告訴父親，終於明白，只要在這個縣城就無法逃出父母手心的事實，拼命地熬夜苦讀，就是想考進市裡的高中，從此跟父母說再見。高中的時候，市裡聘請下崗已久的父親的聘書跟我的錄取通知書同一天寄到了我家，很多人羡慕我有著走到哪裡跟到哪裡的好父親，好不容易熬過三年反叛沉浮的學校生活，跌跌撞撞考進了中山大學，算是終於離開了曾經生活的故土。從哲學系跑到了人類學系，三年的時間，從嶺南來來回回跑西南，從廣東進進出出去四川，到而今跑到臺灣念心理學，從南到北，從北到南，來來回回已經環島近五次。別的人看我的生活，聽我的故事，覺得我過得很精彩，殊不知這種迷茫中不斷逃跑的精彩，充實的外表下是空空的虛無，不知道自己從何來，往何去，轟轟烈烈一次，只為躲避平日的隨波逐流，似乎偶爾要給自己喝慣了的白開水中來點鹽，好讓平白的開水有點味道，告訴自己是在喝水。靈魂尋找自己的來源與歸宿，不可得，讓自己深陷茫茫宇宙中沒有根的偶然，這是一種濃烈的孤獨，卻被平日的喧囂所掩蓋，坐在人單影孤的夜裡，它無處可逃，只好遁形了。這份孤獨是對人生的追尋，卻因望不見人生路的頭尾，找不到憑依，陷入了虛無的漩渦中；我執，心無處安放。

傳說，人死後要入鬼門關。黃泉路

上開滿了見花不見葉的彼岸花，花葉生生兩不見，想念相惜永相失；路的盡頭是忘川河，河邊有塊三生石，河上有座奈何橋，河岸有個望鄉台，台裡住著個孟婆，專門給每個經過的人送上一碗孟婆湯。三生石記載著前世今生來世，喝下孟婆湯教人忘卻三生事。「來生，再續前緣」，孟婆偶爾聽到飄至耳邊的這番話，淺淺一笑，低頭看著用今生淚煮的湯，只因加了一味叫遺忘的調料，抵過了曾經的山盟海誓，一切的一切歸零從新開始。

每一次的今生，靈魂一次次地在尋找著另一個靈魂，不可得，感到自己是人世間一個沒有旅伴的漂泊者。這份孤獨是對伴侶的呼喊，阡陌旁徘徊，古道邊等待，嘶聲力竭，卻聽不到一聲的迴響，找不到愛的對象，陷入到存在的迷思中，我執，心不願放手。《百年孤獨》裡有這麼一句話，「無論他們到什麼地方去，都應該記住，過去都是假的。回憶是一條沒有歸途的路，一切以往的春天是無法復原的，那最狂亂而又最堅韌的愛情歸根到底也不過是一種瞬息即逝的現實」。

人世間的情是個無窮數，從無情到有情，從情緣到情斷，從斷情到續情，這種無窮之數的共同約數，則是人與人之間的相迎相拒。余德慧在《情話色語》中話情為放縱的精靈，它操縱著萬般的欲念，隨著人間的轉動，虛實交替，諜影浮現，來來去去，生死不息。所謂的諜影，也就是把眼前的景物用往日的思念去對應，使得眼前的事物交疊在過去曾經有過的悲歡歲月，勾起豐富的心緒，陷落在怔忡的世界中。

山裡的冬夜，沒有半點的聲響，開著豆瓣電臺，花粥的歌聲飄蕩在空氣中。「他只不過是唱了一首悲傷的歌，你就突然覺得感傷，心也跟著疼了，想起傳說中的愛情都是沒有道理的，他越是溫柔笑著，你的眼裡越是饑渴；他只不過是送你一朵枯萎的花，也許只是碰巧猜中了你心裡的話，管他是對是錯是人是鬼是怎樣的奇葩，你說你們等著瞧吧，早晚有一天要把他帶回家……人們說這都是浮雲，可是浮雲真美麗，既然讓我遇見了你，為什麼不在一起？」

情是風中搖曳的花朵，常常叫人捉捕不定。在入情處勾人魂魄，在疑情時挑撥離間，在浮情裡穿梭擺蕩，在離情後傷懷殘圓。七月的相遇，只因為不小心在來來去去的人群中多看了她一眼，

我在追，她在逃，遊戲著，徘徊著，彷徨著，搖擺著，夢醒時分是別離。答應過自己，一定要如同往日，權當什麼也沒有發生過，站在月臺癡癡地笑著送她走進回家的列車，跟著火車跑著跑著消失在路軌之間，望不見再相見的時候，一轉身，癱在地上，月臺管理員遠遠地用旗子指著我，嘴裡不知道說著什麼，我只是靠著牆，把頭埋進雙膝裡，不想見人。從廣州到香港，從香港到臺北，止不住的淚，為靈魂的割捨苦苦地悲鳴著。

情癡原本就是傻傻笨笨的愛情，情癡的世界往往就是癡癡地望著山月，在靜寂裡響起那不可能的情思，一如羅蘭在《雨中的紫丁香》所書「我太愛那詩與夢的春天，我不要它被現實的風沙摧毀……我只是一個偶然跌入幸福裡的灰姑娘。」

生命本身原本就是戀，我們戀世、戀物、戀人，所有的戀都傳達了內心關照人也被人關照的需求。佛家稱「戀」為「我執」，兩種孤獨都因我執而生，都因著我太愛自己了，而不敢把心安放在當下，總是希望找尋著外在之物來支撐自己，告訴自己這就是我存在的意義；也因著我太愛自己了，而失去放手的膽量，總是在人海中把自己抱得越來越緊，告訴自己這就是我愛的方式。我相信，人的生命很簡單，只需要跨出一步，就可海闊天空，可要跨出那一步卻難於上青天，有些人一輩子都不曾跨出去過。

孤獨裡的空洞讓人恐懼，也讓人害怕，把自己推向這種孤獨，出發前早已想見，或許也正因為想讓自己直面這種孤獨，才那麼跟自己較勁，非要逼迫自己一個人上路。

此刻的我後悔了嗎？我想起周國平在《憂傷的情欲》的文字，「我把我的孤獨丟失在路上了。許多熱心人圍著我，要幫我尋找。我等著他們走開。如果他們不走開，我怎麼能找回我的孤獨呢？如果找不回我的孤獨，我又怎麼來見你呢？」

談論孤獨，真的是一件非常奢侈的事情。

Tip 學著給自己打分

一個情緒與問題的產生，必然非平白無故，它定具有一個故事中 5W（who, when, where, what, why）的所有元素，所以何不請問題出來講個故事給自己聽，讓自己更好地看見它？例如，你可以試著這樣問自己：「這與你之前所做的事有什麼不同？」、「這種做事的方式，有誰跟你一起參與其中？」、「在這個局裡，誰會第一個注意到你表現出來的這種正向改變？你又最想讓誰注意到？」

通過這樣的問題，可以不斷地與自己曾經發生過相關或近似的事情相比較，幫助自己發現自己的行為模式。問題與情緒的產生如一支舞蹈，通過這樣的問題，可以幫助自己看清自己與周邊的人事是如何地產生共舞。問題與情緒往往生長於自己需求缺失之處，通過這樣的問題，可以幫助自己理清自身的需求與期待。

17 觀光監獄

如果要我選擇，我喜歡日落，因為不用早起。

在阿里山看日出，最出名的觀日點是在祝山上。我到的時候是冬季，日出在六點，算算時間，需要淩晨三點從阿里山火車站坐小火車上祝山，開往祝山的火車從阿里山車站開了五趟，每趟掛八個車廂，每個車廂都會擠滿興高采烈的觀日遊客，想到那嘴吐寒氣人擠人的場面，興致自是打消了一半。

我特別選擇在阿里山公路85K路段的山頭上紮營，這裡不僅是眾多背包客私房的觀日點，更是人煙罕至，加之周邊都是整齊的茶園地，環境清幽，我也不用特別早起去趕火車，需要做的就是時間到了，拉看帳篷，便可迎接東升的旭日。

有些人特別熱衷於日出的浪漫之景，跑遍全球各處，收集各處的日出，把它們擺放在一起，猶如桌上佳餚，每一道都有著獨自的味道，有無垠海線上的一顆紅蛋，有串在山線上的一塊紅餅，也有映著都市剪影的大紅燈籠，再撒上一些心境的調味料，其中滋味更是豐富，各有各的味，說不盡，道不完。

觀日的第一要務，就像釣魚，要練就一身好耐性。五點起床開始洗漱，把眼睛擦得亮亮的，生怕錯過每一幅美景。坐在帳篷裡擺弄著相機，清潔鏡頭，在長焦和廣角鏡頭之間來回擺弄，絕不能讓美景從鏡頭下溜走。全部準備就緒，站在山頭上，西邊的月亮跟我一起翹首等著東邊的太陽，如此一等就是一個小時。

太陽不緊不慢，似姑娘出閣，猶抱琵琶半遮面，等的人已經是被期待的火焰燒得焦灼，左顧右盼。天際線從一個紅點不斷地散開出去，沿著山巒向兩邊連綿而去，彎彎曲曲的像戴上了一條紅絲線。天空中開始彌漫著霞氣，這是太陽光受到地球大氣層灰塵的影響產生的瑞利散射，因為日出時大氣層裡的灰塵少，所以這時的霞氣來得更為淡雅冷清。

我把相機架著，對著前面的山巒，不斷地按下快門，可是這個時候太陽還沒有出來，吊足了旅者的胃，不斷地釋放著信號，調戲著每一位旅者怦跳不已的心，好像在告訴你，「我要出來了，就要出來了哦！」

天際越來越紅，你還真的以為下一妙太陽就要露臉了，時間落在急切的心上，度秒如時，變得好漫長。就在太陽把你的興奮之性折磨殆盡的那一刻，嘣的一聲，它已從山頭冒出來了，先是小小的圓弧，然後一半，最後整個跳了出來。很快，整個過程

只是兩三分鐘的事情，比等待它的時間來得白。陽光照在山這邊的茶園上，映出茶葉的開始了。

日出不比落日，落日會來得更慢，日出卻在不經意間如孫悟空出世從石頭中砰然而出，稍不留意就會錯過。最美的那一刻，鏡頭已經無法捕捉，過眼雲煙，稍縱即逝，只能留存在每一位站在山頭上的旅者。我想多年後回看這些照片，我會告訴自己，最美的留在按下快門的前一秒。生活中的事情也是如此，常常聽到一句寬慰人的話，「貴在參與，過程比結果更重要」，平日聽來無關痛癢，細細思來又何嘗不是如此。一件事情成功了，很是興奮，可是那就像直尺上的一個刻度，只是一個短暫的標誌，再回頭看的時候，留在記憶的是那個刻

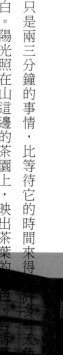

度所代表的的長度。

抬頭看去，月亮還沒有離開，只是擋不住強烈的陽光照射，留下蛋白的輪廓。眨巴著眼睛，看看左手邊的太陽，再看看右手邊的月亮，然後直直的看著前面的天空和青山，好妙，你會發覺天際線是彎彎的，自己好像活在了一個天圓地方的燜鍋裡，這一刻我與古人交會，突然之間明白了，為什麼他們會認為自己活在一個「天圓如張蓋，地方如棋局」的世界裡。

老闆還沒有起床，我已經背上行裝出發去嘉義。有人建議我可以繼續走山線，接上新中橫公路，一路山形曲折幽美，可是經過幾日山間的冷凍和刺骨的孤獨，開始懷念人間的溫暖，望著又是一條無盡的山線，果斷地扭轉車頭，沿著阿里山公路，一路開向最近的城市，嘉義。

回到城區，建築、景點和人都豐富了起來，我成了深山裡出來的小子，一下被迎面撲來的場面扎得眼花撩亂，一時間不知道要怎麼選擇，不知道下一步要往哪裡前進。要玩要看的太多，可是時間卻有限，開始幹起了跟所有旅者一樣的事情，翻閱眾多的旅行部落格，按圖索驥，跟著其他旅人的腳印，重走著他們走過的路，這是他們的旅行，也成為了我的旅行。一如英國牧師查理斯・卡萊布・科爾頓（Charles Caleb Colton）的名言，「模仿是最誠摯的讚美」（imitation is the sincerest form of flattery）。

第一站是嘉義的獄政博物館，久聞其名，從來沒有機會到監獄裡一探究竟。在大陸的時候，只能站在高高的灰牆外面，望著濃密的鐵絲網，想像著那裡面的生活，是不是真的跟電影裡說的一樣呢？父親總是把監獄描述得很恐怖，每當我犯錯了就嚇唬我，說要把我送進監獄受盡磨難，小小的我越是害怕，越是好奇牆後面的生活，只是一直無法有進去的機會。難得臺灣能夠有這麼一個博物館，當然不能錯過。只是它的開放時間有限制，都幾乎是整點，不允許散亂地進去，都需要在整點的時候由義工引導。我去的時候正好錯過了，要等下一個整點，山下的日子不冷了，卻烈日當頭。

監獄是國家機器威權統治的象徵，不論它在何時何處，它都有著唯一的使命，為其統治者服務。導覽義工告訴我，監獄設有工廠來教導受刑人進行一定的勞作和學習機能，以便能夠讓其出去後有討生的基本技能，監獄的最大目的不在於處罰受刑人，而是在於讓受刑人回到社會的正軌中來。現在的工廠裡都展覽著受刑人製作出來的各種作品，其中一幅作品是一副腳鐐，其中的一端繫著一張１０００元的鈔票，這是一個真實的故事。這副腳鐐屬於一個死刑犯，在執行槍決的那一刻，他有一個請求，偷偷地告訴執行的警官，「能否解開我的腳鐐，我不逃跑，我只想上天堂。」警官答應了，幫他解開腳鐐。他用他斑駁的大手從衣褲裡摸出皺皺巴巴的千元鈔票給警官，無以為報，僅能以此報答他的大恩大德；警官沒有收歸己有，而是繫在了這幅腳鐐上。

另有一幅作品，是兩隻腳，上面寫著，「左邊的腳印才下午，右腳已黃昏……」。工廠裡的作品讀來都很淒壯，雖然他們曾經都因為一些越軌的行為觸犯了這個社會的底線，可是他們又是多麼地想回到社會中去。面對死亡，他們一如凡人，有著無限的恐懼；面對死亡，他們通過他們能夠表達的方式釋放出生的渴望。越是靠近死亡，越是被生所吸引，他們不是藝術家，他們的作品卻能夠直逼人心。

生命到底有多重？有些人沉浮在燈紅酒綠的海洋中，千方百計尋死解脫；有些人只不過是觸碰了這個社會敏感的法律神經，被剝去了生存。在這裡，似乎生命比醉生夢死的

空虛來得更輕，似乎生命比莊嚴不可侵犯的法律來得更輕，死比生來得更具重量，卻從未再多一句問問生命的態度。

走出博物館，看著監獄二字，我該用什麼詞彙來描繪這一刻的奇妙呢？

監獄，成為了觀光，一直拒我於門外的高牆，現在敞開了大門成為了觀光的景點。我們從來沒有直接面對過監獄，也從來沒有思考過監獄的生活，因為那是被我們生活的這個社會所鄙夷的地方，是這個社會所遺棄的地方，更是一個被汙名化的地方。面對那扇大門，面對那片高牆，那是這個社會需要去抹滅的污點，大家都唯恐避之不及，可是卻不曾有人叫我們去面對、去思考，直到有一天我們不小心因著青春的衝動觸碰了污點，只能慌亂地站在那裡。

面對污點，正視污點，不僅是這個社會，也是我們每個人都需要勇氣直接處理的。或許只有我們開始去直視它，我們才能有機會在它們靠近的時候知道如何處理；或許只有我們開始去理解它，我們才能有機會看到這個社會不被陽光照射到的那一面。

這一次，我，觀光，監獄。

18 嘉義鄉濃

在臺灣兩年，找到了一個覓食的訣竅：找好吃的真的很容易，哪裡有宮廟，哪裡就有好吃的小吃。廟口小吃不僅地道，而且種類繁多，總是那麼熱鬧。跟著宮廟走，肚子餓不著，這一法則屢試不爽。

新港奉天宮是當地的信仰中心，奉天宮兩邊長長地延伸出去，都是各種小吃的攤鋪。箚記裡首推的是新港陳式姊妹蒸餃，在中山路上，隱藏在巷弄之間，找了我老半天。跟著旅行遊記走的好處是，目標很明確，完全無需動腦，自動就會排除掉路上的許多誘惑。沿著廟口一路走出來，各種蒸餃、鴨血羹、雞排、果汁等的店鋪都沒能入我法眼，穿街走巷，眾裡尋他千百度，只為遊記中的這間店。

可是，跟著遊記走也有壞處，雖然是一個隱藏的私房景點，但是天下人之多，不見得只有自己有遊記這一寶典，看看手錶都已經是下午一點，店鋪坐滿了人，還需要排隊，我前面有七八個人在等候，我拿到號碼牌已經是22了。店主人一家也開足了馬力，五六個年輕人在一旁的桌子上包著餃子，老奶奶專門負責蒸餃和煮湯，忙得團團轉。看情形，要等到叫我的號，加之蒸餃開籠，沒有半小時是不可能的事情。我很想離開到別處，隔壁也是間蒸餃店，卻冷冷清清，完全無需費這番功夫等候。可是遊記就像有了一股魔力，會緊緊地拉住你，「這個很地道哦，你看那麼多人，就知道有多好吃了，不嚐會後悔的哦！」

等到兩點，終於坐定點了菜，一份蒸餃一份酸菜湯。夾來食之，餃子滿滿的都是餡，有著手捏的粗糙，卻不失飽滿，論及味道亦不過如此，跟酸菜湯一樣，並沒有特別的美味，最大的特點就是用料很足。想著自己一路被遊記牽著走，一直牽進了這間店，我想要是在這裡有個朋友帶我玩，估計不會帶我來這間店等那麼久吃餃子吧。遊記告訴你，這是來嘉義小旅行不容錯過的私房小吃，你就蹭蹭地非要找出它來嚐一嚐。既然能慣之「私房」二字，自有當地獨有的味道，「私」字不僅突顯了此種精華，更是有別於眾人皆去的地方，總有幾分神秘感讓人垂涎三尺。當遊記流傳開去，看的人自然多了，口耳相傳，紙本相傳，網路相傳，「私」不再私了，它也成為了眾人來嘉義必去之點，「私房」二字依舊是吊誘著眾人的味蕾，只是「私」已經不私。

即便如此，又有何妨，我們經常就是掉進如此的文字遊戲之中。陌生的我也不知往哪裡走，只能依靠一些貼好的標籤來辨識自己想去的地方。餃子可能沒有想像中的好吃，酸菜湯可能沒有想像中的好喝，這又何妨，總要過來嚐嚐看，才知道其中的滋味，才知道下一次再來的時候要不要再過來。每個人的口味都不同，自然會吃出不同的感受。最害怕的就是自己在嚐之前，就跟著別人的味覺拒絕了嘗試的可能性。可能性那麼多，嚐嚐又沒有什麼壞處，何樂而不為呢？

人生的路就跟當下的時間一樣，我已經無法再回去一點鐘的時刻，重新挑選一間店坐下來點餐，說不定會比這來得更為美味，可是我也無需後悔，後悔那些回不去的無法彌補的東西只能徒傷了自己。在這一刻，在這個路口，我就只能在萬千的可能性中做出一個選擇，讓其中的一個可能性得以實現。既然如此，我們何不好好享受這一可能性所帶來的這種感受和思考呢？趁著還年輕，嘗試各種可能性，這是一件需要氣魄的事情。

喝下熱滾滾的酸菜湯，中午太陽高掛，散發出了最強的溫度，不由自主地脫下了幾件衣服，只剩下短袖在外頭。餵飽了肚子，是該找棵大樹，來點降溫的甜品。福德路１０８號的阿欽伯粉圓冰是遊記中很推的一間店鋪，店面很大，旁邊就有一顆大榕樹。粉圓小小粒，純純的，夾著碎碎的冰，我叫了兩碗，喝個爽快！好生享受，小憩之時，思緒開始飄飛到過去。

嘉義，其實我在十月初的時候就已經來過這裡一次。那一次是我和她的旅行，在某個下午，在阪頭社區的頂菜園。現在，還沒有勇氣回到那個地方，生怕看到那裡的景那裡的物生起無謂的「物是人非」之感。不過，那一次看到頂菜園，我和她都面面相覷，笑著，感覺好新奇，又很奇怪，這也可以成為一個觀光的景點？是的，村民的智慧真的是特別厲害，可以把懷舊之情打包定格

新港
蒸餃
姊妹
酸辣湯
酸辣湯
蒸餃

大樹腳阿欽伯
大樹腳阿欽伯 粉圓
大樹
伯粉圓
內用請由此進

成為商品，把記憶實體化地呈現在生活中，形成一個活的鄉土館，不僅可以觀光，還可以傳承鄉村的歷史。

對於長期生活在都市中的人來說，在喧囂的環境中，一棟又一棟的高樓，一波又一波的擁擠人潮，幾乎快把人壓得喘不過氣了。在這樣的生活下，回去體驗農村安靜閒適的生活，或許可以有一番新體會。頂菜園有許多外面看不到的東西，勾起了屬於臺灣人的那份童年記憶，讓人有時光重返的感覺，問我嚐起來是什麼味道？舔舔嘴角殘存的餘味，嗯，應該是「古早味」吧。

「台灣諺語步道」是園區內極具有特色的步道，詼諧的台灣四句聯，句句逗趣卻發人省思，如「睏破三領蓆，心肝抓不到。」園主說「人家都說要抓到（心）才好，我是覺得抓到就沒新鮮感了，所以抓不到比較好。」聽著這句話，不知道是園主有意的寬慰還是無意的閒聊。戀人之間的曖昧就如一場追逐的遊戲，追的人的唯一目標就是抓住跑的人，這也是追的人存在的意義，同時也是跑的人存在的意義，抓到了遊戲也宣告了結束，追的人和跑的人也就不存在了。追逐的過程是精彩的，是青春活力灌注其中的熱情奔跑和揮灑，奔跑中的追者和跑者都未曾想過結束的臨近，都認真的陶醉在其中，隨著歲月的燉煮，都會成為甘甜的回憶，只是結束總會來得那麼快。可是，抓不到會比較好嗎？追的人會焦灼，跑的人也會不安，一個願追，一個願跑，一場遊戲是一場你情我願的局，有開始，有過程，也應該有個結束。結束固然讓人感傷，可是沒有結束的遊戲簡直就是個噩夢；過程固然讓人迷戀，可是沉醉於過程無法讓彼此得到成長。遊戲，伴隨著人的成長而變得豐富，一個遊戲的結束是為了跳進另一個遊戲中，層層闖關，步步成長，久了，這就是一場人生的遊戲，遊戲人生。

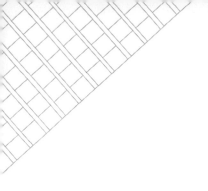

19 異域北歐

北歐，是怎麼樣的呢？腦海中依稀閃過銀裝素裹的村落，閃過賣火柴的姑娘，閃過極光下的絢麗，那裡應該如童話般美麗吧。在臺北，有義式餐廳，有美式餐館，也有歐式咖啡屋，唯獨缺了北歐這一味。在嘉義朴子市，有一個叫「北歐工坊」的餐廳，位於天星新村112號，一個非常不好找的地方，我連續GPS定位了很多次，七拐八拐才來到這裡。

我從來沒有到過北歐，真不知道北歐工坊會怎樣向我詮釋北歐的想像呢？店主很細心地收集了各種的荷蘭娃娃，大小不一，從入口開始，一直到餐廳內部各處，都是用荷蘭娃娃裝點而成，很美，也很奇妙。雖然自己從來沒有去過北歐，可是當看到各種情態的荷蘭娃娃，心裡的那根弦被這異國的情調撥動，進而產生了共鳴，想像和眼前之物得到了契合，已經無關真實的北歐，在這情與景的共鳴聲中，我已經掉進了自己的童話故事裡，這就是我的北歐。

選了二樓的位置，一眼眺望，是無盡的原野，伴著旁晚的黃昏，夜之將至，燈已亮起，北歐的故事太過於典雅，太過於美好，幾次都覺得自己風塵僕僕的背包形象，在這個故事裡顯得非常的突兀，似乎這裡就不是獨行的背包客應該來的地方。環顧四周，三三兩兩都是結伴而來的人，有的是親親我我甚是甜蜜的情侶，有的是嬉笑打鬧甚是歡樂的家人，唯獨我是一個人來到這裡。

為了不打亂了這裡的秩序，自己選擇了一個靠窗的角落，點了一份北歐豆漿火鍋。印象中的背包客，總是浪跡在街頭，泡在來回曲折的巷弄間，停留在吵鬧的夜市裡，應該不多會來這般精緻的餐廳享受如此一頓的奢華吧。打量著自己的衣著，已經是幾天沒有換洗過的裝束，雖然說不上邋遢，可是只消看一眼，就能從衣著中看出是一個長途的奔波者，難怪進門的那一刻，服務人員都愣了一會兒才問我是否有訂位，似乎我的到來打破了這裡的格調，亦或說我本就不屬於這裡。

生活中，我們都深刻地懂得這個社會的規則，知道在怎樣的場合應該穿著成如何，似乎每一個場合都有著它所謂的得體的服飾，你不會穿著睡衣去咖啡

廳，你也不會穿著西裝去操場，如果有一天你穿著睡衣朦朦朧朧地闖進了咖啡廳，或許你也就能感受到那一刻我走進這間北歐工坊的曼妙。這是我最愛做的事情，偶爾打破生活中的常規，感受另一番的體驗，你才會發現這個世界的秩序可以是多麼的造作與豐富。生活世界就像一個大操場，太多的事情太多的人都在一個秩序裡面行進，就像操場上跑步的人們，縱眼看去全是一個方向在跑，不是從東到西就是從西到東，從來沒有問過為什麼要這麼跑。有一天，我問自己這個問題，沒有答案，那我就反過來跑跑看，大家都從東向西跑，我就偏偏要從西向東跑，我朋友說，「這個社會最討厭就是有你這種人了！」我說，「感覺很不賴，你要不要試試？」

北歐工坊用荷蘭娃娃來詮釋了它對北歐的想像，這也跟我對童話的想像契合在了一起。一不小心進入了安徒生的童話故事裡，孤獨的旅者的心也會暫時得到安放和寬慰，醉心其中，周身的勞累也得到疏散。好幾次，眼睜睜地盯著前面的娃娃發呆，要是我也能變成這般可愛，留在這個童話故事裡，那該多好呀！

七點的鐘聲把我敲醒，把我從夢裡拉了回來。拉起了風衣，戴起了口

罩，弄好頭盔，往台南前進。天很黑，進[illegible]市區再加上夜深，已經迷失了方向，做了一件所有剛騎機車的人都會犯傻的事情，一不小心開上了[illegible]。可是我駕駛的機車並非黃牌，而是白底黑子的白牌，當時只盯著公路上面畫著一輛機車的標誌，如獲至寶，立馬開組了馬力開了上去，時速100km/h，暢通無阻，直到我足足開了半小時都沒有發現一輛機車在上面跑的時候，我的疑心就跑出來了。努力回想著剛才那個機車的標誌，似乎它的形狀並不是指我這款型號；努力回想著機車駕照課本上的內容，似乎它的形狀應該是大型重型機車吧，我這台只是一台普通重型機車。我好像已經違反規定騎上了不該上的公路，跟不小心開上高速公路的害怕感沒啥兩樣，可是進退不能。

我有兩個臺灣朋友也犯過同樣的

錯，兩個朋友都是看有機車標誌一不小心開上了水源快速道：一個朋友索性加足了馬力奔到下一個出口下來，另一個朋友被旁邊的汽車駕駛員喊罵了一頓白癡之後，剎車停下，牽著車就這樣走到了下一個出口。能怎麼辦呢？都已經上了，要下可不是那麼容易。我跟兩位朋友不同，反正路上也沒有幾輛汽車，也沒人罵我白癡，我居然就這樣一邊起疑心，不斷質問自己那個機車標誌什麼意思，又不斷安慰自己應該沒有違規吧！一邊享受著飛一般的感覺，兩個輪子快速地旋轉，風在耳際吹響，一路狂呼到台南。幸運的是，夜裡騎車，似乎也沒有被抓住，否則聽說罰款很重，更何況我居然騎了那麼長的一段距離，可是不得不說快速道果然是又順又快。

在台南，落腳的地方選在了東區隸屬於耶穌會的天主教百達文教中心的學生宿舍，目前是委託給「我為人人實踐推廣協會」負責經營管理。可以說，這裡除了教會活動之外，還是一個微型的公益社區，不但豐富青年學子的文教生活，也結合社區民眾共用資源，成為社區的文教中心，提供多功能的藝文展演場所。地下一樓為藝文展示室，發表個展或聯展；一樓有藝文走廊、圖書閱覽室；二樓為多媒體演講廳、會議室、討論室，部分空間則提供給非營利及文教單位進駐使用，包括台南人劇團、彭婉如文教基金會、天主教興華互助社以及以台灣人文、環保為主要發展議題的「洪雅書房」。

20 台南神拜

台南市區內的古跡都聚集在一起，主要分佈在中西區。把機車停放好後，就帶著相機，開始漫步城市。城市的建築繁多，密密麻麻，更何況經歷過歷代統治者的台南市區，隨眼望去的一棟建築都有著它獨特的故事。有時候在城市裡穿梭，都嫌自行車太快，非得用雙腳踏踏實實地踩在城市的每一塊土壤上，才能在川流不息的都市節奏中，抓住那不為人所注意的細節和韻味。把相機掛在胸前，背著挎包，裝著小本子，城市也可以來一趟小旅行，重新挖掘這個城市，重新認識這個城市，重新理解這個城市，好好看看自己所在的城市，也好好看看城市中的自己。

每個地方都有每個地方的特產，要是有人問我中國大陸的特產是什麼，我一定會毫不猶豫地回答說，「當然是暴發戶啦！」自從改革開放至今，只要抓住時機，敢拼敢闖的人都能夠成就一夜暴富的夢想，尤其是溫浙一帶。來到臺灣，問臺灣的特產是什麼？十之八九都會聽到臺灣人說，「臺灣啥都不多，唯獨宮廟最多，可以跟7-11相比了，是條街都有有個宮有間廟」。聽到這裡，不得不佩服臺灣民間社會，在宗教信仰自由的這邊土地上，宮廟如此發達，完全是靠民間一磚一瓦地建立起來的，不依靠政府的一分錢。在臺灣，只有一種廟是例外，它的建立和發展都不是來自民間的力量，而是完全依託政府的投入，它就是孔廟。在臺灣，幾乎每個城市都有孔廟，但是唯獨台南的孔廟來得最為悠久且出名。

臺南孔子廟，亦稱臺南文廟，始於明鄭永曆十九年（西元1665年），由陳永華建議鄭經在承天府桂仔埔（鬼仔埔）建立，是臺灣最早的文廟。清朝初期一度是全臺童生入學之所，因此亦稱全臺首學。

孔廟的出口處設置了「及第榜」，上面被黃底紅圖的一張張紙片覆蓋得滿滿的，遠遠望去特別像道家的符咒，走進細細看去卻是一張張學子寫滿學業願望的字條，很有意思，年紀從小到大不等，有小學生用稚嫩的字體寫下要看滿分的願望，也有大學生端端正正寫下的考上研究所的願望，進來參觀孔廟的人幾乎都會在這裡駐足，好好欣賞著這麼一扇牆，看看都有哪些願望，看到有意思的表達還會莞爾一笑，招手叫來同伴一起分享其中的樂趣。當然，既然來了，每個人心中都有一個書生的夢想，不論是為自己，還是為了別人，都會拿來一張黃紙條，把桌上的印章仔細的抹上印泥，小心翼翼地蓋在紙條上，很用力，壓在紙上好一段時間，生怕沒有把印章整個蓋在上面，都希望能夠讓這種護佑的符咒趨近於完美，似乎有了缺就不靈了似的，都蓋得特別認真，很是虔誠，又樂在其中。

這是一種迷信嗎？亦或是一種信仰？我想都不是。來的人宗教信仰各異，路過了，看著牆上大家寫的各種留言資訊，有些人圖個好玩，也來寫一個，有些人確實心有所求，也來寫一個，每個人書寫的初始動機和想法都不盡相同。這裡也沒有特別的儀式，它不是宗教，所以更談不上神格上的信仰。你能說清楚「及第榜」是怎麼樣的一個裝飾物嗎？似乎很難，它可以說是一個孔廟裡另一道人造出來的觀光點，進出其中的旅者的目光都會被其吸引而去，把玩著上面的留言資訊，看著別人的祈福，一同分享閱讀他人願望的愉悅。它也可以說是一個放在孔廟獨特文化空間下具有靈性的造物：孔廟自古以來就是文化中心，自有中華文化傳統的底蘊在其中，寫上學業上的願望祈求實現，也正契合了孔廟的這個場域；但用近似道家的符咒形式進行，注入了些許神秘的色彩，「及第榜」已經模糊了觀光與神聖的邊界，同孔廟的定位陷落在模棱兩可的境地。

孔子曾經在教導子路的時候提及「未能事人，焉能事鬼？」，孔子之學在於教導弟子盡人事而聽天命，強調人所能及的部分，對於鬼神則存而不論。小小「及第榜」安插其中，正是鼓勵萬千憂心學業的學子把自己的願望寫下來，有人會問這真的有用嗎？其實眾人皆曉得最終的結果仍舊需要自己的努力和用功，肚子裡有幾分墨水才會有幾分收穫，把願望寫下來並非是寫給別人看，也並非寫給神明看，而是寫給自己看，完成「聽天命」的儀式，讓學子的心安放在「盡人事」上，求得一份心安，把自己拉回在用功上。

在很多的民俗之中，其實有著很多深層的心理意義。平時我們總是習慣了這些傳承下來的儀式，卻忘了它的功能之所在。鄭石岩在《媽媽教我的事：多參與》中回憶他小時候曾經幫忙鄰居的喪葬，結束時喪家給了他一串鞭炮，要他回家時在門口點燃，他母親並給他一臉盆清水洗滌一番才准許進屋，他不明白其中的道理，就請教母親。

「為什麼要用清水洗臉和手腳呢？」

「洗去喪家悲傷的感染，重新回到自家清淨的心境，好開始面對自己的現實。也就是說，放下辦過喪事的沉重心情，重拾生活的歡喜和擔當。」

「不放鞭炮的話，亡魂會跟過來嗎？」

「死者的魂魄不是輪迴去，就是往生極樂淨土，老早就不在人間，他怎麼跟過來呢？鞭炮聲是喚醒你回到清醒的現在，遠離喪葬時的悲傷。鞭炮聲也代表喜氣，透過它恢復了歡喜和正常。」

你說這是一種迷信嗎？不見得，並非凡事迷信才有儀式行為，我們平日裡就充滿了很多非迷信的儀式，就如同慶功宴就是一種儀式行為；你說這是一種有宗教信仰的行為表達嗎？也不見得，其中並非帶有神格的信仰在其中。這裡只是通過儀式性的行為，讓我們的生活可以做一個切割，實現從一個狀態轉換進入另一個狀態，順順地過渡，完全不突兀。由此思來，似乎又更能理解我們在中華文化土壤下長大的華人逢神必拜的好習慣了。

孔廟，半學半廟，因渲染上了官方的色彩，鮮有人會進來敬拜。既然來了台南，自然就要看看真正的廟，小小幾十里，就數座大大小小的廟分佈在其中，其香客可比孔廟來得旺許多，那規模只能是孔廟可望而不可及的了，民間的力量總是來得比官方有活力呀！

徒步走過幾個街道，正面迎來的正是祀典武廟，奉祀武聖關羽，位於赤嵌樓正南方，其建廟之早、文物之豐、格局之宏偉，和地位之尊崇，名列臺灣一級古蹟。祀典武廟格局莊嚴，廟內文物豐富，除御匾「萬世人極」外，「文武聖人」「至聖至神」等，均為府城名匾。

沿著小巷子走多幾步路，就會遇見大天后宮，它是主祀媽祖的道教廟宇。該廟前身本為明朝朱術桂所居住的寧靖王府邸，一六八三年，臺灣進入清治時期，才將該府邸改建為天后宮，官建大廟，現今也被臺灣政府列為國家一級古蹟。

這兩個宮廟在臺灣都是久負盛名的，不論是因為它們的建築來歷頗具歷史性，更是因為它們所被認定的神明頗具有靈性。武廟雖然供奉的是武將關羽，可是放在當今太平盛世，則是取關帝成就大業之面向，再加之這裡的文曲星也頗有名氣，所以有許多年輕人前來燒香拜拜，以求學業和事業上的好運氣，圖個鴻途。

我轉悠在文曲星的小閣間裡，從裡到外擺滿了一個個貼著考生資訊的木板，密密麻麻，有的已經發黃，上面的紙張因著表格，從姓名到考試時間地點都羅列在上面，今年有考試的學子都可以取得一張，往上面填寫詳細的資訊，然後拜拜之後端莊地貼在上面，感覺都已經成為了一個小型產業了。大天后宮則更為奇妙，大天后宮最為出名的是它的月老神。在月老神的小閣間裡，左邊是印著表格的紅紙，上面寫的都是有求於月老的姻緣夢；右邊則是掛滿了各種情侶結婚照，是月老實現願望之後夫妻們紛紛帶相片回來還福，其中還不少名流，密密麻麻，我自己也看得甚樂。民之所需，神之靈應，如見一般，甚是好玩。

「拜拜真的有用嗎？」

「信則有之，心誠則靈。」

確實，拜拜真的有其功效嗎？神明們真的會庇佑你嗎？你求了就會應驗嗎？有太多的疑問可以問的。面對默默無言端坐在那裡的神明，給你的都只有一個答案，就看你信不信，你「信」就有，你不信就沒有，只有在「信」了之後，你自然也會變得「誠」，有了「誠」才有了「靈」。這一說聽來熟悉，猶如基督新教中所謂的「因信稱義」，只要信仰耶穌即可得救。關鍵就在於這一「信」字。

我第一次在四川鄉村做田野調查，村裡有個基督教會，被政府明確列為十四大邪教（違法宗教）之一。他們都是在夜深的時候才開始教會活動，為了跟進他們的活動進行參與式觀察，我也需要在山腳下與他們一道活動到深夜。我住的地方在半山腰，回去有一小時多的山路，路很小，沿著山澗不斷延綿而上，兩邊都是高木，沒有路燈，黑漆漆一片，經過山下墳地的時候，還能透過交錯的林木看到零星的磷火，鬼片裡面的場景元素都具備了，不由得我害怕起鬼來。

鬼與神一樣，你要是不信，自然走路也會順暢很多，無所畏懼，可偏偏我信了。你要問我鬼為何物，我回答不上來，可是這也不能祛除掉我腦中對鬼的想像。出於對黑不見底的恐懼本能，內心的焦慮需要有「鬼」這一物來承接，在精神分析裡叫做「防衛機轉」。通過把內在不安的恐懼和焦慮從內心抽離出來，灌注在外來他物之上，縱使它僅僅是一個想像的構念，也能夠讓我們的恐懼與焦慮得到具象和客體的轉化，脫離出內在的自身，成為我們能夠面對的事物。從這點說去，鬼片的產生自有其原因和功能，不僅是反映了人們對於黑暗的恐懼，也在一定程度上通過把人們的焦慮抽離出自身的過程得到些許的釋放。因此鬼片之所以恐怖，僅能對於信鬼之人，然而信鬼之人又因為鬼片，產生出了更多的對鬼的想像，這簡直是一個無頭尾的圓狀迴圈。

因為剛從教會回來，左手捧著聖經，因主耶穌之名，我想他會給我灌注前進的勇氣，耳邊頓時響起耶穌曾經告誡出逃的亞伯拉罕切勿回頭。我也不敢回頭，生怕一回頭撞見怪物；可是越告訴自己不能回頭，「回頭」這件事情就變得越神秘，越想回頭看看究竟有什麼。

我的右手環繞著前些日子在佛寺裡法師給的佛珠，食指不斷地在轉動著。在佛門裡法師常常會告訴大眾在舉手無措之時響起佛號，就能獲得心安和護佑。口裡念念有詞地念著前幾日剛學來的佛號和咒語，估計周邊的牛鬼蛇神也不敢靠近我吧。路走到一半，仔細想來感覺不對，左邊是耶穌，右邊是佛祖，這兩位大神似乎從來就沒有在一起過。耶穌聲稱自己為唯一真神，佛教則說耶穌是幻想，他們會不會因爭執打架起來？還是他們都會因著我的不虔誠，而不會庇佑我？剩下一半的路，就在兩個神明的拉扯和矛盾中度過。

有了鬼把我們的恐懼和焦慮引出，相應的也會有其克制之物，或許那就是神明的存在。鬼與神就猶如黑暗與光明，相依而在，相依而生。神給予了我們面對這份恐懼的勇氣，也給予我們一個撫平焦慮的內心理由，從這個想法延展出去，這裡的神與鬼一樣，都是我們內在自身的投射。鬼代表著我們內在的陰暗面，當它得到外在世界的呈現之後，也一樣需要一個外在之物來打倒它。可是解鈴仍需

台南孔廟
及第

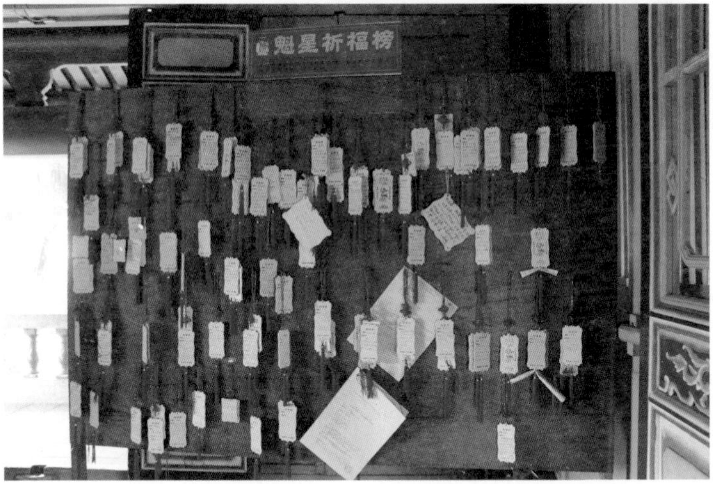
魁星祈福榜

繫鈴人，內在的恐懼仍舊需要來自內在的力量來克服，這股正向和光亮的能量本身就存在於我們身體之中，只是沒有得到激發，神明就成為這一力量的刺激物，把內在的光明面激盪出來，讓其兩邊的能量得到平衡，進而讓我們恢復回到正常的狀態。這一來一回的動態結構，它的基石則來自於「信」，無「信」則這一切都無從談起，而人的生存結構也將得到另一番的展演。

「誠」因「謀及乃心」而存，「謀」從「心」出，「謀」是「心」影，「心誠則靈」就把「誠」的「心」突顯了出來。我自認為是典型的華人，逢神必拜，從台南開始，廟宇諸多，只要進到宮廟之中，都會參拜。平日參拜，只是「敬」字當頭，就如同闖進了他人家，要敬屋主人三分。這次出行則不然，每到一處宮廟，每到一尊神像前，我都會畢恭畢敬地求助於神明，祈求他們能夠護佑我所愛的那個女孩能夠考上博班。她能否上博班是我無法左右且給予幫助的事情，面對力所不能及的時候，唯有向神明求得保佑。「人事」在她，「天命」在神，我也僅能夠通過神的求助來祈求「天命」的順，進而盡我的「人事」，達到心安。因為有求，所以一路的拜拜都畢恭畢敬，非得在門口仔細地看完拜拜的注意事項，依葫蘆畫瓢地一步步去做，生怕哪一步遺漏了，或者做錯了，這或許就是一種「誠」。神明的權威高高在上，卑微的自己因著無助因著渺小祈求與神明的護佑，自尊得到了放逐，可卻不覺得委屈，不似對權威的他人的屈從和跪求。在神明面前一切都變得無需多問，也無涉尊嚴，更無委屈一說，只有心的安定，這跟基督宗教中「告解」的儀式有異曲同工之妙。

曾經想過鬼的問題，因為一個人的田野夜路總是來得讓人毛骨悚然，把自己泡在夜深的老林中，走在人鬼想像的邊緣，讓自己更敏感於鬼對於自己的意味。每每到第二天陽光灑在臉上之時，重走舊路，回首昨夜的一幕幕，不覺讓人覺得好笑，可又是那麼的真切。

這一次的出行，則讓我想到神的問題。從來沒有一個人能夠讓我牽掛到如此的無助，你知道自己的心在她的身上，想去陪伴而不能，因著這份無助也就只能依託於神明來完成這份陪伴。一直以來，都不曾如此真切地拜拜過，有「信」而無「誠」，只有當這次的無助讓自己無措開始，才發現原來當心有所求的時候，「誠」自溢而出，似乎開始能夠理解拜拜的力量，也似乎開始能夠理解那些兢業於拜拜的信眾之舉動。隨著拜拜祈求的不斷重複，站在每一尊神像前，祈求之詞已經習慣地從嘴裡唸出。一直告訴自己需要放下這段感情，一路來也把自己釋放在自然和人文之景中，似乎自己已經不再會掛念這個人的存在，似乎自己開始過著完全為己的生活，殊不知，在一次次的默念中，才發現自己再一次被赤裸裸地呈現，她沒有從我的世界裡離去，我依舊惦念著她。

21 歷史舊都

今日的台南，被夾在臺北與高雄兩座大都市之間，很難想見它昔日的輝煌。追憶往昔，台南作為全島統治中心的時候，臺北和高雄還只是個小地方。可惜，時過境遷，現今只有位於台南市中西區的赤坎樓，用它見證的歷史，給我們留下了些許的回味。

有意思的是，赤坎樓當時設置防禦用的城牆是糖水、糯米粉，攪拌石灰、蠔殼灰，疊磚建造而成，現今還能看到殘留下來的一小片。我在這片殘存的古牆邊駐足許久，又是敲又是摸，驚歎萬分。你想當今的鋼筋水泥土遇到地震等災害，都未必比得上這糖水糯米等食材混合而成的土牆。當時還沒有水泥這東西，都是就地取材，臨近海邊，所以也會拿蠔殼磨成灰混入其中，增加其黏著性。指間在城牆的縫隙中遊走，這堵充滿食材的土牆吃起來該是怎樣的一種味道呢？經常在古跡周邊，聽到旅者會讚歎其極具歷史味，可是「歷史味」是怎樣的一種味道呢？我想，這堵食材土牆的味道嘗起來應該就是一種歷史味吧。

從赤坎樓出來，穿過兩個巷口，就可以看到鄭成功祖廟。其實，鄭成功祖廟並非我的旅途之點，正好路過，才發現原來鄭成功也被當成了守護神，有了個廟。見過關公廟，見過趙雲廟，第一次見到鄭成功廟，不過見怪不怪，細細數來，歷史上之有名武將、統治者被當成神明的不在少數。這或許是源自於我族祖先崇拜的傳統，加之古來道家信仰中就有人神相通的傳統，人可進修而成神，神亦可降而為人，關鍵就在於我們喜歡借其故事進而神格化，尤其是武將，希望借其光威，汲取他們身上的才將之氣，對先人的崇拜與神的崇拜居然交融在了一起。進入鄭成功祖廟就會發現，它其實除了公眾之廟外，也同時是鄭氏家族的宗祠，只是它的地位處於宮廟與宗祠之間。與普通的宮廟不同處在於它是凝聚鄭氏宗親的宗教中心，鄭氏宗親會就設置在其中；與普通的宗祠不同處在於它本身又因著鄭成功的特殊歷史地位變得具有全民性。

與赤坎樓同一時期的建築還有安平古堡，是荷蘭人在臺灣建立的要塞建築。日治時期，日本人將城垣剷平，改建紅磚平臺與日式海關宿舍，荷蘭時的城堡建築幾乎全毀。後經屢次修建，成為今天的紀念館。目前保有明清遺跡為南壁古井及外城南壁，高三丈餘，用材與赤坎樓相同，以糯米、糖漿、蚵殼灰三合土混合砌磚而成。

「千古興亡多少事？悠悠，不盡長江滾滾流。」從赤坎樓到英德洋行，而今所見，僅剩殘桓片瓦，後人修修補補，把它補全了，把形貌補回來了，卻補不回當年的榮華。今日的赤坎樓已非往昔，今日的安平古堡、英德洋行亦如此。「人世幾回傷往事，山形依舊枕寒川。」觸摸著殘存的磚瓦，感受著歷史時空中的時間感。有時候我們抱怨一日之難過，覺得生命悠長，殊不知，在面對這些古跡之

時，只能默默無言；相較於它們，一個人的一生無非是滄海之一粟。站在古牆邊，走在洋樓下，甚是羨慕它們的無情，只有這些無情之物才能安受百年的人事消損，才能堪受改朝換代的沉浮，才能受盡滄桑見證歷史之流中的無奈。想及鄭成功，一如蔣中正，起兵興戰，落得撤退來臺，不想卻在此興盛，如日中天，但今日又安在？鄭成功已變成塑像安放於祖廟之中，蔣中正也化為雕塑堆置在兩蔣公園，這一切都被古牆斷瓦盡收眼底，它們沒有嘴巴訴說，卻用自己來記錄時間的痕跡，有心人自會從中讀出歷史的紅塵往事，「大江東去，浪淘盡，千古風流人物。」

有閒暇，坐在東興洋行，叫一杯咖啡，來上一盤甜點，聽著歌手唱著的流行樂，很是愜意。不經意間，腦中卻閃過杜牧的「商女不知亡國恨，隔江猶唱

臺灣開拓史料蠟像館

安平古堡

後庭花」。抿一口咖啡，我笑了。改朝換代放在歷史之流上乃是見慣了的常事，一切都是浮動變化的，依舊不變的只剩下愛的歡歌，國恨又何關於商女，商女只是唱著生活之歌罷了，一如歌手只是唱著人世間不變的愛之歌。人生來得太短，不及古牆斷瓦長，也不及古牆斷瓦無情，經不住世事的滄浪，何不及時享樂，好好愛……

22 獨自浪漫

沒有吃中飯，直接從安平往走馬瀨農場出發。去走馬瀨農場的路相當不好走，我騎的是機車，國道是不能走的，就直接使用ＧＰＳ導航，選擇了步行模式，這樣它就會繞開國道。跟著導航一路行駛，第一次走上了臺灣的鄉道。走慣了省道，還以為臺灣的公路都是那麼順的，走上鄉道才知道原來臺灣也有這麼小的坑窪路，迎著兩邊的草木，有一種回到家鄉的感覺。曾幾何時，我也曾騎著自行車穿梭在鄉裡的小路，還記得當時後座載著弟弟，我在前面揮著汗騎著，使勁呀使勁，就是想踩出速度來，好讓風來得大些，把汗水飄飛在身後；弟弟也光著腳丫，自由地讓小腳在空中飛盪，一個不小心被地上凋落的樹枝劃了小口，回家哭著喊著，死去活來，以為被路上的蛇咬了，頓有一種不久於人世的感覺。

兒時的記憶早已泛黃，僅留些許的感動。不知道家中的老人如何了，快過年了，應該都在忙著準備年貨吧，數數我也一年沒回去了。家，總是令人思念，但每個人思念的方式各有不同。我總是想起一個個在家的片段，我真的是想家嗎？還是僅僅是想念在家的那些記憶？自己問自己，因為年輕狂少的自己總是在離家的時候想家，回家的時候逃家，頗有宋之問近鄉情更怯的意味，只是其中的滋味與陶潛所品的相去甚遠，一個是飽經風霜之人對於物是人非的怯，一個卻是未經世事的青年想方設法逃脫束縛的離，離開了才知道天下之大只有家是自己避風的港灣。

想家該是怎樣的一種滋味呢？每個人的口味都相差甚遠吧。我品不出來，一路騎行，就一路追憶著兒時戲弄田間的記憶，如果可以用顏色來表達，我想我會選擇暖暖的橙色。

鄉道的路很窄，扭扭曲曲，標識也不明確，路面碎石很多，習慣了騎快車，以為自己可以應付得過來，也急著想在日落前到走馬瀨農場，一不小心在一個直角的拐彎處，唰地一聲，人和車就這樣分離了。車子脫了手，旋飛了出去，倒在地上，熄火了，人就一眨眼的功夫飛了出去，四腳朝天在路面劃了好長一段距離，只覺得頭在頭盔裡來回碰撞了幾下，眩暈了過去。

「好累呀，真累了，騎了那麼久，凍了那麼多天，你看太陽那麼暖和，睡睡吧，闔下眼，就五分鐘……」

中午的太陽照得身體確實很暖和，眼睛出現了彩光，它是那麼地有吸引力，跟磁鐵一樣不斷地把身體吸附過去。已經無力掙扎，四肢癱在那裡，眼睛也已經無力睜開，就跟早上起來想賴床的感受，心在掙扎著，不斷地說服著自己，製造著讓自己睡過去的理由。

「油門關了沒？不行，我需要起來把車子的油門關了。」

隱隱約約聞到一陣汽油味，都不知道自己哪裡來的力氣，爬起來，趕緊把油門關了，把鑰匙拔了，扶起了車子。呆坐在車上，腦子空空的，享受著午後的陽光，胸口和膝蓋劇烈地疼痛，每呼吸一口氣都有種刺刺的感覺，看著自己滑出去的距離，慶幸自己有帶頭盔，否則真不知道這一刻是生是死。周邊都是山，車子也摔得不輕，不知道還能不能啟動，萬一不能啟動，這要自己推著車子走上多長的路才能出去呀！

不過，這一刻，這些東西都懶得去想。右手按摩著左胸腔，希望讓疼痛減緩些。心是開心的，開心自己還活著坐在這裡，沒出什麼事情。一種大難不死的欣喜從心而發，很想告訴她我這一刻還活著，很想跟她分享此刻我所體驗到的活著的感受；已經把手機翻到了她的號碼，手指卻按不下去，這些又與她何關呢？告訴她，無非給她平淡的生活增點無謂的煩惱，何必給平靜的湖面再丟下一塊石子惹起漣漪。

活著本身就是一件值得喜慶的事情，只是在「活著」中太久了，不知何時開始變得不敏感了，忘了生命的重量，忘了生命的恩賜，忘了如何感恩「活著」這回事了。她背包五年，走過的路比我多，遇過的險比我多，吃過的苦比我多，她對於「活著」更是來得比我深刻，她積攢的生命厚度教她如何去尊重生命，教她如何去感知生命，教她如何去享受生命，這是我不曾理解的部分。這一刻我似乎懂了，不是讀懂了她，而是懂了自己生命的分量，「活著」是個

Fighting Spirit through
Sport & Adventure

很簡單很單純的事情，樸實而無華，無需過多的矯情，無需過多的粉飾。我們每個人都需要佩服自己，生與死全在於不假思索的一瞬間，而今能夠依舊「活著」本身就是我們的本事，每個人都有一套生存的策略，每個人都有自己獨特的求生能力，以因應他一路來遭遇到的事情。

之前，我很擔心她，擔心她過得不好，擔心她不會好好「活著」，這一刻我才發現，原來這份擔心全然是惘然，「活著」本身就是對生命最好的禮讚。她能夠長那麼大，自然有她的成長能力，她有自己的生命議題需要去面對和承受，而這份成長的能力會給予她源源不斷闖關的力量。於我自己，也有屬於自己的生命議題要去面對和承受，就如同在這個節點中需要面對的是如何處理這段感情，如何承受離開的割捨。曾經放棄過自己的我，這一刻才明白，「活著」是對自己最好的讚歌，不必因為找不到活著的意義就放棄它，它不需要外

加更多的理由。所謂的理想真的比「活著」還重要嗎？所謂的意義真的比「活著」還重要嗎？在我們第一次來到這個世界的時候，我們有理想嗎？我們有意義嗎？理想和意義，給我們的生活帶來更多的質感，可是我們又常常深陷其中、找尋不得而放棄活著。理想和意義本來就是我們給予自己的，是活著的一個層次，除了它們，「活著」還有很多不同的生命層次等著我們去探索。

車子還能繼續啟動，只是汽油被這麼一摔之後少了許多。沿著鄉道一直都到了路的盡頭，沒有路了，看著地圖，知道翻過眼前這座山就到走馬瀨農場，可是路到此為止，這導航還真的是引導出一條只能人走的路出來，深深地有被欺騙的感覺，難得平日那麼信賴導航。一氣之下，把車掉頭，開出了鄉道，直接上了快速道路，真不知道是哪裡來的勇氣，因為快速道路是最直最快的路，帶著全身泥土的車子就這樣轟轟烈烈地行駛在快速道上，膝蓋無法彎曲，就索性筆直地懸空架在車下方，不斷地超越著前方的汽車。

到了走馬瀨農場，入場需要收費，還挺貴的，250元，持學生票也要200元，露營費用還需要另外繳納。管理站的工作人員打量了我一番，最後終於忍不住問我怎麼全身上下全是髒兮兮的泥巴，我就說不小心在路上摔車了。在我還在猶豫那麼貴捨不捨得進去的時候，工作人員索性就讓給我露營的牌子。今天露營的人不多，看我窮學生一個，還摔成這樣，估計是不忍心，就只收了我門票錢，叫我趕緊進去沖洗一下，一種窩心的感覺。

來到露營點，大家的帳篷都好大，起碼都是四人帳以上，全家出動，又是爐子，又是桌子，有喝的也有吃的，好生羨慕，就屬我的帳篷最小。夜裡，他們都一家團聚在帳篷前，有的炒菜下酒，有的燒烤聊天，好不歡喜。我就縮在自己的小帳篷裡喝著一小支威士忌，只能拿著營養餅乾下酒，寂寞難言。

一個人的旅行，才能這樣無數次地經歷獨單的寂寞；一個人的旅行，才能這樣遠遠地分享著他人的美好和幸福；一個人的旅行，才能有這般的體驗感受著自己的小確幸。

架起帳篷已經是傍晚，熱氣球體驗從下午五點開始，來不及洗澡了，直接奔去了草原上。紅紅的夕陽已經接近西邊的山巒，照在農場的花園上，把花兒的豔麗全照了出來，映著一對對的情侶們言笑的身影，有些躺在草地上，有些手拉著手，有些騎著自行車，這裡都快成為了幸福的天堂。看著技術人員把熱氣球一個個架起來，五顏六色地點綴在天空，感覺自己好像進入了電視劇的拍攝現場，曾經以為只能夠在電視畫面中才能看到的場景，而今真實地就在自己的眼前上演，只能用「夢幻」一詞來形容了。

23 高雄藝遊

走馬瀨農場的熱氣球活動有兩個時間段，一個是上午的七點鐘，一個是下午的五點鐘開始，這兩個階段是農場上空空氣流動比較穩定的階段，也就是風比較小的時候。第二天起來，洗刷完畢，我又跑去草原，想在離開前看一眼熱氣球，看看除了傍晚被夕陽照得火紅的熱氣球外，清晨的熱氣球會是怎麼一番風景。

清晨的人不多，現代的人都習慣了晚起吧，零星的幾個人在草原上徘徊散步。一個男孩載著女孩穿過群花叢，男孩穿著白襯衫，笑掛在臉上，洋溢在心裡，踩著自行車，女孩的白色長裙也隨風飛舞，雙腳在百花叢中過，左手緊緊地抱著男孩的腰，右手伸張出去，抬著頭，享受著清晨朝陽裡清涼的空氣。

已經有兩台三腳架架在了花圃上，兩位黑衣攝影師架好了相機，隨時準備記錄下熱氣流飄飛的時刻。我也闖進了花圃，加入到他們的行列，只是，我並不是一位攝影師。

傍晚的暖陽總是那麼溫暖，不像清晨朝日這般清涼。夕陽無限好，只是近黃昏，朝陽呢？看著日出，就像人夢醒時分，朦朦朧朧，在黑與白中掙扎，經過一夜霜凍的空氣開始溶解，帶著絲絲的冰涼迎面撲來，把人從睡意中叫醒。

嘿！一天要開始了。鼓足了勇氣，打起了精神，開始一天的事情，才能收穫落日時分的美好。

今天是我行程中的最南端，高雄。不會再往更南方走了，因為明天還要一路衝回北部的桃園，在那裡有著預約好的精彩。中午前要趕到高雄，越來越接近春節，外出工作的朋友們，都相繼回到了自己的家中準備過年，一個高雄的友人正好從臺北回到家，好說歹說都得拉我過去讓她盡一份地主之誼。

高雄是臺灣的第二大都會，進入高雄城區，路面比臺北寬很多，可是密密麻麻的機車比臺北少不了多少，轟轟轟的機車聲灌注在這個城裡，高樓大廈消融在排氣管飄出的熱氣中，路面也不甘寂寞，伴著車子引擎的樂聲在扭動。

我很喜歡高雄的駁二藝術特區。駁二藝術特區一如很多的文創產業區，從工業的廠房改造而來，經過藝文工作者的手重新煥發著新的生命，看過了臺北的松山和華山藝文區，按理來說駁二也不見得來得有多麼特殊，可它的什麼把我的魂給勾去了呢？

我去到的時候，碰巧遇到一位韓國攝影師Miru Kim在這裡展出她的新作《初始，駱駝，在荒漠》。一位30歲出頭的女性，赤身裸體勇闖在那些人們認為最髒、最黑、最危險的地方，這是需要怎樣的一股勇氣？這是需要怎樣的一種想法？Miru Kim是韓國行為藝術家，也是攝影家，專門挑廢墟或是都市黑暗的角落，全裸入境，成為那些風景中的一部分，透過影像藝術，伸進生活的

肌膚裡，切出那些看見卻不曾被看見的層次，向世人傳達著一個閱讀世界的訊息，告訴著世人，一個赤裸無遮的身體與環境和他人之間是如此的親近又如此的疏離。這一次 Miru Kim 帶來的是她二〇一三年的最新作品，她在荒漠中赤身裸體地與駱駝相伴而行，棕黃的膚色鑲嵌在一望無涯的沙漠之中，與駱駝一起匍匐，跟駱駝一樣行走，每一片沙漠看似一樣卻又在訴說著各自獨特的故事。天與人是可以如此地交融，自然與人是可以如此地合一，猶如置身圖中，讀著每張圖背後無言的言說，也被每張圖讀著自己的內心。

Miru Kim 以自己的身體作為媒介，介入天地之間，參與在天地之間，實踐在天地之間，在框的有限空間與凍結冰封的時間中，讓自己嵌入其中，把世界化作一張張碎片化的影像，用身體的創作來傳達著對這個世界的觸覺。面對沒有位置座標的沙漠之丘，Miru Kim 讓生命與物的存在機制回歸到原點的思考上，借著荒漠的旅行探尋生命的深度，這就是我與 Miru Kim 在一同試圖尋求解答的內容。

跟著 Miru Kim 的鏡頭，隨著她一同進入民族誌的田野之地，同當地人一起生活，靜靜地觀看肉食處理的過程，從動的生命成為人的盤中餐，再到食餘後的剩骨。駱駝在無水日曬的荒漠中，與旱漠共生自處，依隨牧人移動，穿越一座座城，一片片沙漠，進進出出，這就是世界存在的一種方式。在這一刻，我被 Miru Kim 身體的實踐所打動，被 Miru Kim 對萬物的悲憫所感動，已經無關乎性別、身體、國族、地域乃至時間，這一刻，我被共鳴，我的下一站旅途在沙漠。

友人與我約在了她家附近的咖啡廳，一見面我就特別興奮地跟她訴說著 Miru Kim 給我的這份感動和醉心，她笑笑聽著，直到我噼哩啪啦地一吐而盡之後，才發覺原來她居然還不知道駁二藝術特區在哪裡。高雄人呢，自小從高雄長大的人兒，怎麼會不知道駁二藝術特區在哪裡呢？尋常性的思維模式總是告訴我們，生於斯長於斯的人肯定比外來者更加熟悉這個地方，更加清楚這個城市。可是當把問題丟回給自己，自己對故鄉又有多少的瞭解呢？我們總是跑呀跑地，不斷地往外跑，似乎外面的世界比生我養我之地來得更加精彩。看著一本本旅行遊記，幻想著異國他鄉的美好；看著一幕幕旅行影像，夢想著異國他鄉的奇遇，卻忘了故鄉已經被自己所遺棄。

有時候，我們就是因為太過於熟悉，而失去了對故鄉的想像和探尋的勇氣。我們知道這條巷子過去之後是什麼街道，我們清楚穿過哪棟建築之後有美味的小吃，我們明白浮動穿梭在巷道裡的這些人們的生活邏輯，一切的這些都是我們所熟悉的，可也因著這份熟悉變成了司空見慣，不再詢問為什麼，不再生出好奇，乃至都不太留意這個城市的改變。這是一個奇怪的生活悖論，熟悉與陌生並存，最熟悉的陌生與最陌生的熟悉，在這熟悉與陌生的兩極拉扯，形成了一股心的張力，自己不斷地被抽離又不斷地被放回，明明自己是故鄉人卻又似一個異鄉人，這不正是 **Miru Kim** 透過自己的身體實踐想要彰顯的意涵嗎？或許，在匆匆的腳程中，在轟鳴的機器中，在吆喝的街市中，心與身分離了，我們的身在哪裡？我們的心又在哪裡呢？

錯過了臺北的達利展，碰巧高雄美術館正好接續在臺北之後展出達利的作品。我很喜歡薩爾瓦多・達利（**Salvador Dali**）這位超現實主義大師，正如策展給予的標籤一樣，對於達利來講，只有「瘋狂」二字才能配得上他。喜歡上達利，是我開始接觸精神分析之後的事情，在閱讀佛洛依德的《朵拉的故事》的時候第一次看到達利的作品，那是他最為出名的《軟化的時鐘》。時鐘被弄成慵懶的形態附著在外物之上，軟軟的鬆垮感一下子訴說出了都市於我來說，那股一直無法描摹的情感。藝術作品就有著這樣一股魔力，當語言已經無法替你表達情感的時候，你卻遇上了藝術，你說不上來那是怎樣的一種感覺，可是你一眼看到這個作品的時候，你就知道在作品身上你的情緒得到了訴說，似乎找到了知音，難言之隱終得理解，或許這就是一種共鳴吧。即使作者的本意可能不在於此，可是這又何妨。藝術品雖然出自藝術家之手，可它同時也不再是藝術家所獨有的，它已經成為你我共同所有之物。從海德格開始思考時間與空間開始，從愛因斯坦開始理解時間與空間開始，時間與空間就成為很妙不可言的東西，時間真的存在嗎？當你說著時間的時候，你確定你在說著「時間」本身嗎？試想，當你說時間的時候，你的第一反應是什麼？是在看手錶嗎？還是太陽？可是，如果手錶代表的是時間，那沒有手錶之前呢，時間就不存在了嗎？如果晝夜更替代表的是時間，那在極地和赤道的人們的時間是不是就不是同一之物？

空間亦是如此。拿「家」來說，什麼是家呢？如果它是你與父母居住的空間，但有人從小到大搬了許多地方，乃至到你有了自己的房子，那麼哪個才是你的家呢？手錶、太陽和房子，成為了我們對於時間和空間的表達物，借助於這些我們可以言說時間和空間，可是時間和空間又卻非局限於此，它代表著更為永恆寬廣的東西，這已經是無法用言語所能訴說，卻一點也不妨礙我們每個人去感受它的存在。

正如達利在他的作品中描繪的垂掛在樹枝上的時鐘，癱軟得失去了現實世界中的報時能力，在永恆的記憶和時間的夾縫處，現實中的人事物都受到了時間的控制，隨其流逝而敗死、腐壞，時間不再只是精確定義的每一個刻度，更是人們體會時間的感受。

愛又何嘗不是如此？請問什麼是「愛」？在一起就是愛嗎？在一起只是一個狀態而已，總有分離的時候，分開了就不是愛了嗎？牽手、接吻乃至性交就是愛嗎？這些都只是一個個度量上的刻度，在那個刻度之前，在那個刻度之後，就不是愛了嗎？愛與時間和空間一樣，它並非有一個精確的度量能夠測量，沒有一種有形的物件可以包容它，言語也在愛的面前失去了力量，可是當我們相愛的時候，你我都知道那就是一種「愛」。那我們在愛情的海洋裡，又在執著些什麼？

24 中山西子

在高雄我居住在六福客棧，一個臺式的青年旅館。在臺灣，雖然有個國際青年旅舍的組織，可是你卻壓根沒法找到一個像樣的青年旅舍。這跟臺灣的規章制度有關，在這裡只有 hotel 和 motel 之分，國際青年旅舍的概念被引進來了，也有這樣的一個組織，卻只有空殼，到了實地一看就是一個標準式的 hotel。六福客棧並非是國際青年旅舍組織的一員，可是卻踐行者青年旅舍的精神。它融合了臺灣獨有的民宿風格，兼有家居型和背包客旅舍，在我看來完全是家庭式旅館和青年旅舍的混合物。

六福客棧的店長是一位活力四射的女性，跟我在阿里山露營地遭遇的南轅北轍。按個門鈴，店長就熱情似火地跑過來開門歡迎。剛把包包放下，困擾著怎樣遊走高雄的時候，店長就似乎讀懂了我猶豫的眼神，把我帶到一張地圖前，指指點點一口氣說了很多的遊覽景點，而且已經有了規劃好的幾條路線讓我選擇，精確到哪些景點需要在哪個時候去看才會恰到好處；更為貼心的是，店長還從抽屜裡拿出她的私房菜單，一張用手寫圖畫成的A4紙，上面慢慢地標出了美食點和路線圖。果然是久經江湖之人，功力十足，一把就掌握來者的口味，還一條龍地給你最為地道的指點，大愛店長。

傍晚，我去了一趟西子灣——高雄西隅的一個風景區，位於柴山西南端山麓下，南面隔海與旗津島相望，是一個風景天成的灣澳，更重要的是國立中山大學就在西子灣邊上。早已耳聞夕陽西下的西子灣浪漫，再加上因著自己是從廣州中山大學畢業的緣故，對臺灣的中山大學情有獨鍾，這個點就成為了我無法拒絕的首選。

西子灣本身就是一個海港，看著輪船進港出港，夕陽映紅了整遍海洋，燈塔在山崖邊高高地鼎立著，瞭望者這裡的一切，好是羨慕中山大學的學生，誰能夠抵擋得住夕陽紅海這一份浪漫的誘惑，不牽個手，不來場愛戀，怎麼對得起這份得天獨厚的浪漫？看著一對對的情侶在橋邊依偎，也看著孤獨的人兒流連在夕陽的情懷裡，每個來到這裡的人都有著不同的心事，臉上都掛著不同的表情，有著不一樣的眼神，有的是憂傷，有的是甜蜜，有的是眷戀，總之他們都陶醉在了這

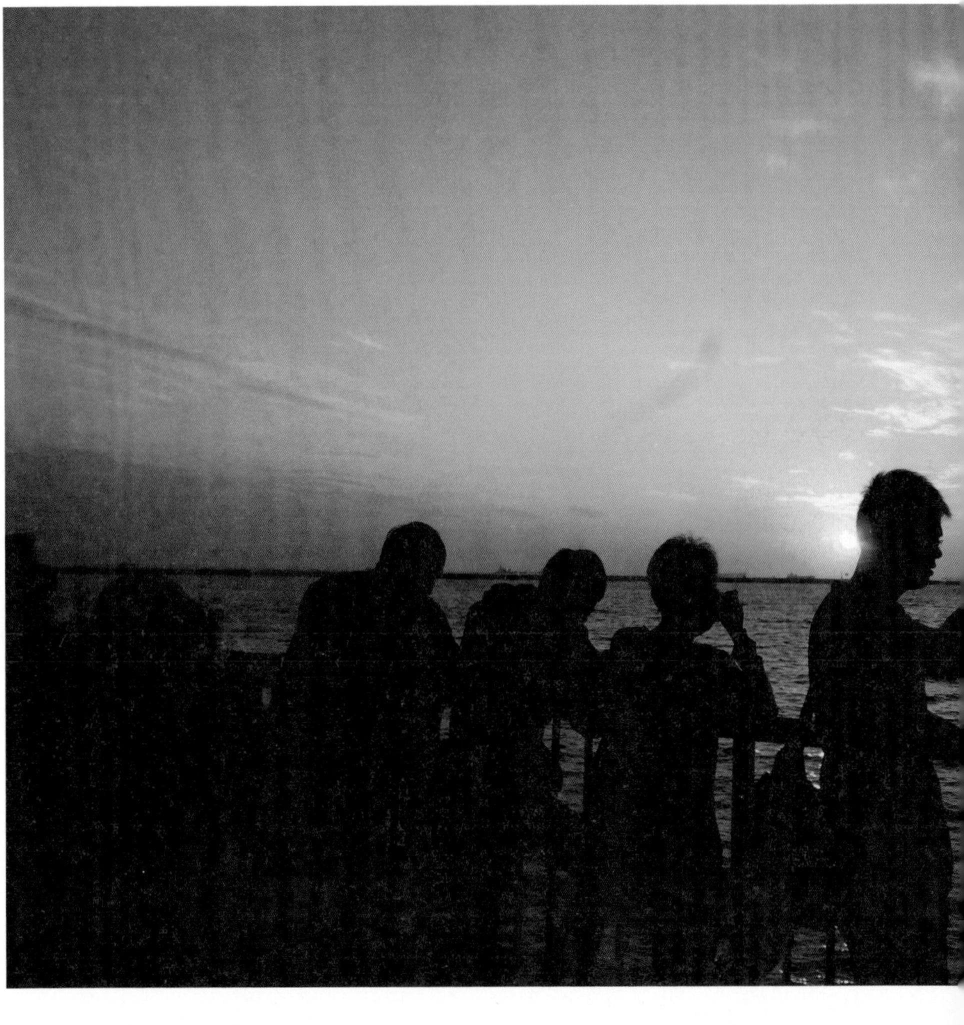

份夕陽情裡。到了關門時間，管理員費了好大勁，嗓子都快扯破了，哨子都快吹爛了，這些人兒才依依不捨地挪著腳步往外走。自然本就是一件奇妙的風景，它不說話，可是每個人都從這份無言之景中讀到了自己的故事。

有一次，我到淡水，覺得淡水的夜很有漁村的味道，一個朋友見我這般喜歡，就要我到高雄的時候一定要去看看愛河，他覺得我一定會愛上它。它是一條位在台灣高雄市境內的小型河川，源於高雄市仁武區八卦寮，流經高雄市中心並於高雄港出海。長期改造後，現已為知名景點，尤其是兩畔的夜景。聽說，愛河原本是條臭水溝，很髒很臭，這是我高雄友人兒時的記憶，一直到近年來才開始整頓，臭味沒了，不髒了，加之河岸邊的街頭表演、舞臺藝術和咖啡酒吧的興起，一不小心它就搖身一變成為了亮麗的風景線，醜小鴨變成了白天鵝。

歷史總愛跟我們開這樣的玩笑話，愛河名字的由來也是如此，完全是因為一場不期而遇的巧合。關於「愛河」這個名稱的由來，有人說是因為在一九四八年的時候，當時的愛河畔有一家「仁愛河遊船所」，在颱風過後招牌損壞，只剩下「愛河」二字，不久又發生了情侶跳河殉情的事件，採訪事件的記者拍攝照片時將招牌上的愛河二字入鏡，透過報紙的傳播，傳著傳著，這條河就有了自己的名字。「愛河」，幸好它還蠻好聽的。

走在愛河邊，看著兩岸的燈火，夜遊的輪船載著一群群的遊客往往返返，

如果喜歡都市的人，應該會為它傾倒吧。忙活了一天的人，總得想些樂子在夜裡打磨時間，讓繃緊的神經可以得到暫時的舒緩。都市里林立著冷冰冰的高樓大廈，忙碌的腳步，沒完沒了的工作，壓逼了一天的人又怎麼會想在這裡來場戀愛呢？那就來愛河這樣的河岸或者公園好了，有咖啡酒吧，有昏暗的路燈，有靜謐的小徑，好不容易在快速節奏的都市中開闢出一片靜土，好讓每個人都能安享夜裡的甜蜜。所有的情侶都來到了這裡，一不小心，一對，兩對……好多對，成了集體的戀愛之所。在中國大陸有集體飯堂，在臺灣高雄有集體戀愛河。有時覺得都市裡的人還蠻可憐的，有時又覺得甚是好笑。

晚了，回去，見店長一個人忙碌著清點帳單，邊看著甄嬛傳，眼睛都惺忪了，就是不去睡，硬扛。見她一個人落寞得慌，就跑過去跟她瞎扯，才知道還有三個旅客還沒回來，她要等那三個旅客回來了才能放心睡覺。其實，這間店最開始的發起者是店長的弟弟。他很愛

旅行，回來後心血來潮把家裡的舊房子整改成了青年旅舍，既然做成了，家裡人也當然支援，加入到旅舍的管理中來。弟弟把旅舍建好了，自己繼續自己的工作和旅行，店長也就慢慢地接管起了旅舍的全部。店長是從日本留學回來，學的是服裝設計，後來沒有從事跟專業相契合的工作，一直做著日文翻譯。我很佩服店長的地方是，她居然能夠有耐心一直打理著旅舍的零碎事，雖然每天累死累活，可是她卻依舊熱情奔放，似乎有著用不完的激情。而我呢，年紀輕輕，就慵懶地不行，一身都散發著宅男的氣息，只會呆坐在電腦前，有時候連下樓吃個飯的動力都沒有，情何以堪！

「我很好奇，你為什麼就能夠這樣有耐心有熱情？」

「因為我喜歡交各種各樣的朋友，你知道嗎，我跟我弟弟一樣，就是喜歡跟來自不同地方國家的人聊天，就算不聊天，看著他們的一舉一動都會很新奇。真的是無奇不有，在你來之前你住的那間房就一直住著一位日本人，一住就是三個月，白天在外面遊玩，晚上就看他在電腦前敲到半夜，這就是他的工作，帶著他的工作細細地在品味每個地方。我就是喜歡跟這種不同的人打交道，這是我的生活樂趣。管理旅舍都是一些惱人瑣碎的事，可是沒有辦法呀，就只能一步步去做，久了也就那樣，我沒有和我弟弟一樣到處旅行，可是我聽著來自世界各地的故事。」

店長點醒了我。對我來說，我不喜歡被安住在一個地方，我也受不住常年處理瑣碎事情的煩惱，所以經營一間旅舍對我來說真的很累；而對於店長來說，她的樂趣就是在一個屋子底下聽著各地的故事，閒來做點翻譯工作，其他的自然不太會對她形成很大的困擾。她懂得她想要的是什麼東西，她明白她最為喜愛的是怎樣的東西，主心骨定了，其他都是可以迎刃而解的小事。只要做自己想做的事情，動力和熱情自己會跟上你，完全不必苦惱，也苦惱不來。我的慵懶，我的無力，只是我一直沒有直面過自己，探索過自己，內心是混混沌沌的一片，不知道什麼東西是自己渴求的，不知道怎樣的東西是自己想望的，動力和熱情自然無從談起。

有時候，我們不留神就會被社會大眾牽著鼻子走，走上一條完全不屬於自己的路。找工作的時候，進入P&G公司或者台積電就是成功的象徵，大家都在爭搶，你也就跟著爭搶，你也不知道為什麼爭搶，只是看到大家都在搶就以為那個也是你想要的。想起國中的時候跟女孩子相處，很多男孩子在追一個女孩，自己也會犯起糊塗來，跟著一窩哄地一起追著這個女孩子，在起鬨聲中你也開始覺得自己喜歡上了這個女孩子，可是卻完全不知道自己為什麼喜歡她，只是因為大家都在追她，她就是最好的，只是因為大家都在起鬨，你也就當回了事，與九把刀的《那些年我們一起追過的女孩》同出一轍。或許，她可能是最好的，可是那個最好並非是對你而言，傻傻的我們就這樣天真的相信了。長大了，我們依舊重蹈覆轍，隨波逐流，只因自己沒有看清自己，到頭來工作得死去活來，苦的還是自己，看著別人得心應手，羨慕也羨慕不來。
有些事情，有些人，沒有好與不好，只有適合與不適合。

25 桃園故事

二月了，是該北回桃園的時候了。

只有一天的時間，只有選擇筆直的海線公路，才能駛足了馬力由南衝到北。沿海走，都是平路，路很寬，也很直，就是風太大，颼颼地穿你而過，撞在頭盔上，撞在身體上，撞在車身上，它就是使勁了力氣不想讓你往前走。騎快車是一件很危險的事情，隨著速度的提高，兩眼所及的視野也會變得越來越狹隘，一路我都開到了近90km/h，能夠飄動眼珠的觀察範圍就只剩下前方六十度，常常來不及看到機車叉道的標誌，直接跟著汽車走在同一條過道上，非常危險；可是一路也沒有遇見交通警察，落得個順利通過，直到進入台中，再一次違規穿過，終於被警察叔叔攔截了下來，吃了第一張在臺灣的罰單。我特別納悶，台中怎麼就那麼多員警在公路上呢？吃了罰單之後我是遠遠看見員警就害怕三分，一朝被蛇咬三年怕草繩，不敢再那麼大膽地騎快車，生怕再違規。我在台中穿梭了幾圈，還真危險。北部機車多又擁擠，不小心就會發生碰撞。南部的路況比較不同，可是會有很多阿公阿婆級別的人騎著綠牌車子刷地一下不知從哪個巷子口衝了出來，拐彎也完全不按規矩二段拐彎，把頭勾出來，左望望，右看看，就直接左轉了過去，你還真得花心思憂心著。

九點從高雄出發的，晚上九點到了桃園大溪，借宿在一位朋友的乾爹家。一進門就看見桌上排滿了飯菜，還放著幾瓶威士忌，鬧哄哄的，說是一直就在等著我這位單行騎士，要給我接風洗塵，真是受寵若驚。

乾爹是一個有趣的人，學輪機出身，年輕的時光都是在海上度過。在輪船公司當輪機手，在杜邦公司跑遠洋運輸，當時臺灣第一艘從美國購買的油輪還是請他從美國開回來的。乾媽是在當時的臺北西門町一家戲院工作。我很好奇一個漂泊在外的船員，怎麼最後與安安穩穩在戲院工作的人走在了一起？乾媽嫌乾爹那張囉嗦的講故事的嘴巴，偷偷告訴我說，那個年代，託人介紹，雙方就開始寫信，一來一往，挺投緣的，面都沒見過，就筆交，一年之後才見上面，再後來幾年也都是一個在海上漂泊，一個在戲院忙碌，靠的全是數月才來的一封書信。乾媽家很傳統，不捨得把女兒嫁給總是飄蕩在海上的乾爹，乾爹就索性不再做輪機師了，拋下了讓多少人垂涎若渴的豐厚利潤，迎娶了乾媽。不善言辭的乾爹，回來居然跑起銷售業務。重起爐灶自然不易，對乾爹是很大的挑戰，辛苦地天天沒日沒夜地跑業務，領著少了許多的薪水，還好乾媽陪在他身邊，跟他一起走過那道坎，乾爹的事業才慢慢地起來了。

我想，現在的人應該很難相信書信交情的那個年代了吧，似乎那已經是封存在上個年代的電視影像中才有的情節。而今的網路那麼暢通，很多人已經不屑於通過自己的筆觸一筆一劃地傳達情誼，喜歡用敲打出來的幾個字母鍵組成的一封文字，通過訊息或者郵件寄送過去。隨著通訊方式的多元和便利，我們都成為了無處可逃的人，還要專門設置黑名單阻擋那些避之唯恐不及的人，想想在還沒有手機的年代，想想在那個只能書信來往的年代，聯絡一個人是多麼不易的事情。信出去了還不一定能收到，就這樣盼著盼著，那份牽掛，那份煎熬，想來現在的年輕人少有人能夠承受吧。現今的情侶們，想說話了一個電話，想對方了一個視頻，少了一份時間的盼望，少了一份含情的牽掛，也少了一份等待的煎熬。當然，我們也學會了不守時，還能常常違約。遲到了，一個電話，「我會晚點到」；不想去了，一個訊息，「我有事不能去了」。在那個沒有手機的年代，在那個只能書信來往的年代，何來機會告訴對方我晚點到，那裡來機會告訴對方我有事，約了就一定要到，難怪乎古人就常把「信」掛嘴邊，出門行走江湖，交朋友，唯就講求一「信」字。

乾媽很好奇，為什麼我對她與乾爹的感情故事那麼有興趣。擋不住乾媽那天真坦蕩的眼神，我也就告訴她，我遇到一些感情上的挫折。乾媽很有意思，她也沒有多說，就丟給了我一句話。

「那在她出現之前，你是怎麼過的？我一個朋友的丈夫走後，哭得死去活來的，說丈夫都走了，自己真不知道怎麼把這日子過下去，我就說，丈夫也不是打你出生就有的，那沒有你丈夫的時候，你是怎麼過來的？你不也過得好好的。」

對呀，**轟轟**烈烈的愛情遇到分手的結點，總是有一齣痛不欲生的戲碼。正如一首老歌《Old Man River》所唱的，既是怕活著又怕死，完全不知道該怎麼過下去。你的愛在這裡遭到了否定，是你錯了嗎？似乎不是，因為愛是兩個人的事，一個巴掌拍不響。可是如果不是你的錯，那為什麼就被愛遺棄了？你得不到答案，也沒有答案能夠讓你誠服。戀有別趣，與理無關，理爭到了，情也就丟了，你就只好不斷地歸因於自己，是自己不好，是自己的錯，甚至自我淪陷，連日子都忘記了要怎麼過。那一刻，愛的死去活來，情裡堅定不移，或許叫做偉大，可是這份偉大你又是要做給誰看呢？你的唯一觀眾走了，無非自演自看，你的死你的活都被拋下，與世人無關，你要死給誰看，又要活給誰看，你依舊是你嗎？還是你已經不再是你？沒有了你的愛情還算是愛情嗎？是

愛情吃了你，還是你吞了愛情？在沒有愛情降臨的時候，你過著你的活；當愛情來臨的時候，你醉在你的愛；當愛情離開的時候，為什麼你也一同被帶走了呢？

愛情原本就是兩個同心圓的共舞，可是其中的一個圓丟了它的心，舞也就只能嘎然而止。舞停了不可悲，因為只要圓找回它的心，舞步可以再起，可悲的是那個圓找不回了它的心，那就永遠都不可能再有舞的漫步。

愛情本就是一件漂浮之物，抓不準，拿不穩。在瀨戶內晴美的《獨個兒也活得下去》一書中，她說，「如果這世上真有永遠不死的生命，那真不知有多少痛苦。如果這世上真有不衰委的戀情，那真不知是何等的處罰。」

當把愛情拆解開了，執著在手心，念念不忘的是愛，搖曳在風中飄蕩不羈的是情，它們相伴而出，常常讓人誤以為它們合二為一成愛情，可萬一它們不是一體的兩面，而是一對孿生的兄妹，那該有怎樣的延展？余德慧說，「愛的本性淳良，不愛說話，不興招搖；但情卻風騷，氣浮心燥。愛與情在一起，看成人生圓滿，但是情常出走，逛街，喝咖啡，喜著彩衣，好吟詩作樂，所以情常叫人捉摸不透。」

數年之後，年輕女孩的年少狂戀，在男孩的記憶中延展而去。那段曾經荒唐頹美的美麗時光，不只是歎息，反而是人生記憶中揮之不去的影子，跟著肉身垂垂老矣。時移事往，年輕女孩遲暮之際依隨著閨蜜們，各自面對人生大限來時各自分飛的滄桑末日歎息。待到那時，你又能說得上誰對誰錯？情路頓覺的空寂，也只是像走慣了路，突然踩空了的茫然，等爬起來之後，情路依舊。

Tip

回溯過去的成功

心理情緒與問題如病菌，我們不會認為病人都是天生擁有病菌的人，而是在特定的時空下病菌試圖佔有了這個人，所以才使得此人成為病人。同樣的，我們並非生來就擁有這樣的情緒與問題，而是在特別的情境中情緒與問題佔有我們。這樣的問題與情緒有如感冒發燒，並非第一次出現在我們的身體上，我們之所以能夠健健康康地成長到現在，必然是在過去的時日裡，曾經無數次地戰勝過這些病菌。所以，當我們發現了讓自己困擾的情緒或問題的時候，當我們面對這些情緒與問題束手無策的時候，不要害怕，不要緊張，更不要放棄，試著沉澱自己的身心於片刻的寧靜中，試著問自己這樣的問題，「你是否記得有一次，憤怒想要掌控你，但你沒有讓它得逞？當時你是怎麼做到的？」、「是否曾經有過，爭執原本可以操控你的關係，可是卻沒有發生？當時到底發生了什麼事？」

有時候，我們會覺得當下的自己撞見的問題是前所未有的，所以才會讓自己不知所措。這時候，回溯過去自己成功解決問題的經驗，它雖然可能較之於當前的問題程度較輕，可能並非與當下的問題完全雷同，但是它能夠讓自己看到自己復原的能力，能夠讓自己長出自我復原的信心，更重要的是它能夠幫助自己在問題烏雲的籠罩下開啟一個空間，讓自己看見陽光。

26 大溪跳橋

死，是怎麼一種感覺？

生，是怎麼一種感覺？

生、死是人生尺規上的兩個節點，生與死都只是一個動作，動作的瞬間來不及容納下半點的思緒，就跨越了從無到有，從有到無的鴻溝。把兩個點拉開，展開的是一條長長的人生線，我們耗盡一生的生命力，在生與死拉起的跳繩上嬉戲，有跳躍的喜悅，也有絆倒的哭泣。以生為始，以死為終，生死之間，始終之間，生命與生活繚繞絞纏期間，尺規上的一個個點，都是在每個人生命歷程中的碑，每當回首，總會有一些畫面，總會有一些聲音，總會有一些記憶，定格在你生命中的某個時段，已經分不清楚是這些畫面這些聲音這些記憶連綿而成你曾經走過的長度，還是因為時光的流轉讓這些畫面這些聲音這些記憶凝固在刻度上。

我們跳過一個個刻度，走過一個個生命的儀式，從滿月酒到成年禮，從畢業典禮到慶功宴，從白色婚禮到黑色喪葬——活著的時候，多多少少會覺得死的終點還在遙遠的那一頭。從小就經常把自殺掛在嘴邊叫嚷的我，自殺對我來說是揮之不去的誘惑，可是每一次自殺都沒有得逞，讓我好好地活著到了今天。

這是一件特別糟糕的事情，面對特別有好奇心或者特別有欲求的東西，求而不得的那種距離，跳躍著伸手無法抓到的焦灼，就這樣來來去去擺蕩著陪著我度過了二十有四。

人就是那麼奇怪，跑到高樓都不敢往下望，每次都匍匐在樓頂的地板上，然後小心翼翼地前行，直到能望到樓底頓然停止，不敢再往前爬半步。按捺住內心退縮的顫抖，雙腳已經酸麻癱在地上了，你說我這種如此懼高怕死的人，居然還打小想著自殺。人越長越大，有時候真不見得會把自己看的越清楚。不斷地看清後模糊，然後再看清再模糊，就這樣不斷地滾著在成長。這一次，一直迷茫的自己找不到瓶頸的出路，那就去死一次好了，用臺灣的方式——高空彈跳！

高空彈跳的地點在台七線50K處，巴陵大橋再往裡面深處騎，在北橫公路上，我已經在出發的時候經過了這個點。要跳的地方是一座橋，第一次無聲地刷的過去，只記得有好多好多的人站在橋的兩邊往下望，至於橋下有什麼，他們又在望什麼，我不得而知，待到我第二次到這個地方，是我要縱身躍下的時候了。

心跳得很快，從11月份報名，到現在，足足三個月的時間，每天都以為距離彈跳的日子還那麼長久，誰知道這日子數著數著也就在眼前了。三個月的時間裡，常常跟友人喝茶聊天會談到彈跳的計畫，友人們都瞪大了眼睛豎起大拇指好生佩服。我知道他們跟我一樣，都不敢如此冒險刺激，只能乾巴巴地羨慕這別人的勇氣，只能在一邊乖乖地搖旗助威。乘著這份鼓勵的話語和佩服的眼光，自己還真覺得自己是特別勇敢的人，勇敢到連自己都要為自己敬仰一番。想像著自己張開雙臂，繫好了安全繩，頭一仰，腳一蹬，連工作人員都來不及偷偷地從身後助力就已經豪邁地跳入了空中，對，就是要這般的英姿果敢。想著想著，就如同小時候天天盼著早點長大的心情，開始盼著這天早點到來，成就英勇的我。

「吼……」，一個男生下去了；

「XXX，我愛你！」，一個身穿皇袍的男生下去了；

「我要跳了，啊……啊……啊……」，一個女生下去了；

「可以跳了嗎？啊……」，一個高瘦女生第三回下去了。

我排在很後面，看過一個個男男女女跳下去，幫忙著拉繩索把他們又拉上來，心臟已經噗噗噗地加速了，腿腳也越來越軟，自己一遍遍地對自己說，「哼，這點高度，怕什麼，等爺我跳的時候，推都不用，叫也不叫，好生享受一番。」

可是，生活總是不如電視劇電影裡的情節一樣。

等我穿好裝備，兩個壯漢借肩膀讓我撐著站在橋欄杆上的時候，我緊緊地扶著兩個壯漢的頭，因著高度有差，所以膝蓋是彎曲的。

「腳站直了，手自然放開，別怕，我拉著，掉不下去的！」

「我……可不可以……不跳了，我怕……我怕……」

「你把腳站出去點，再站出去點，站那麼裡面你怎麼跳！把腿伸直了！」

「我不跳了，怕死了！」

（眼睛開始濕了，可是這是不能回頭的事情，誰叫我報名了，人家也要賺錢，怎麼能夠讓你下來呢！）

「小子，聽你口音不是臺灣人！腳站出去，給我伸直，有什麼好怕的！」

「哦，對，我是廣東人！」

「是嘛，我在珠海待了很久，你聽唔聽明廣東話呀？」

「我 聽 得 明 …… 啊 …… 啊 …… 啊……」

壯漢逕自把我從腰部推了出去，這次是我背朝橋底下去，一路啊聲下去，跟被拉去屠宰場的豬一樣，啊聲一片片，響徹了漫山遍野。

四周的綠樹花草都不斷地在上升，我的眼睛距離橋越來越遠，應該說根本

看不到橋，橋已經蜷縮成了一個點遠離我而去。這是一種怎麼的感覺呢？剛剛站在橋上的時候，是多麼地害怕，要不是有人在那裡，我想我已經屁滾尿流了。我在害怕什麼？怕背後沒有一個依靠，空空如也，所以僅僅地抓住了兩個壯漢的頭，他們成為了我僅存的支撐。平日的生活，即使是陷落在多麼無助的狀態之中，即使是陷落在多麼孤獨的狀態之中，都不曾有過這種徹骨絕望般的怕。才發現，原來生活是一件很有福氣的事情，不論在生活中那些無助的夜裡自己是如何的痛徹，不論在生活中那些孤獨的日子自己是如何的害怕，可是都不會如在橋上即跳未跳時的恐懼。因為生活中的自己，在潛意識裡面知道，我不曾被生活拋棄過；因為生活中的自己，在潛意識裡面知道，在我的背後

還有支撐的力量。但是在橋上的那一刻，縱使知道這只是一次彈跳，縱使知道腰間綁著繩索，縱使知道這是很安全的，然而背後的空白就是如此赤裸裸地存在，沒有任何可以掌握的東西，出去就只能不斷地往下掉落，再掉落，直到最低最低的地方。

我跳下去的時候，都在想些什麼？

我當初選擇跳，就是希望試試看，想知道跳下去那種直面死亡的想法是什麼？跳完之後，朋友最常問的問題也是在下去的那時候，我都在想什麼。其實，跳過之後，才發現，我什麼都沒想，什麼也輪不到我想，我就張開了嘴巴，在啊聲中結束了一切。很快。快到你容不得想，你也沒法想，你想那麼多也不可能如動漫中那樣會回到橋上。

在我們嘗試新的領域，開始新的事情的時候，有太多的不確定，在前面等待你的東西我們根本無法知道，就跟黑洞一

樣，黑漆漆一片，裡面究竟是什麼誰也不知道。可是，人生的路就一條，容不得你覺得自己錯了又再跑回娘胎裡走第二條路。跳完之後，我覺得人生的道理很簡單，就跟高空彈跳一樣。未來的事情太不確定到讓人害怕，害怕自己輸不起，害怕自己不能夠重來。膽怯了，心虛了，停止了，總是站在一邊看著別人的精彩，以為自己也能夠跟他們一樣，乃至更精彩，可是當試著要站在上面的時候卻無法跟別人一樣勇敢。在橋上，我還能夠哇哇叫嚷著「我怕，我不想跳了」，生活呢？有多少時候雖然嘴巴沒說，心裡卻哭著喊著說「我怕，我想回到娘胎裡！」有想過嗎？出生的時候，白紙一張，任何事情對你來說都是陌生的，當時的你真的是個超人，無所畏懼，什麼都去試試看，甚至不能吃的東

西都要拿來咬咬看，天不怕地不怕，弄得周邊的人都很怕你的這份無所畏懼。就這樣，一步步走過來，你把白紙畫著畫著就畫成了現在的自己。越長大越害怕，越不敢繼續畫下去，就越失去更多的可能性。可是白紙黑字就在那裡，你也抹不掉，只能繼續畫下去，那何不用心畫，給自己畫得好看些？

行動，就不會怕了！有時候，我常常覺得，就是自己想太多，想多無益，你根本不知道未來，想像只會徒增自己的焦慮。你眷戀曾經的過去，念想只會徒增自己的憂傷。以當下的行動，代替過去的思緒。只有行動，未來才能更靠近；也只有行動，過去才能更厚實。在不能回頭的地方，我跳下去了，什麼也來不及想，你也不能想什麼，就這樣又被拉回來橋上，第一次彈跳完成！

「你知道你剛才這樣很危險嗎？簡直就是推下去的，你要自己跳下去，否則很容易撞到橋！」

哈哈，原來，我簡直如狗熊一般地跳了下去，如肥豬一般地嚎叫聲聲，不過我還是跳完了，我還是回來了，雖然姿態不是很雅觀，雖然姿態不是很英雄式，但是我達成了！緊接著就是準備第二次的彈跳，這次跟剛剛的不同，剛才是背向而跳，繩索綁在腰上，這次是繩索綁在雙腿上，面向河流而跳。

跳過了，有些經驗了，自然不會再那麼害怕。可是，這次卻是直接看到水流，直接感受著彈跳的高度，這次要自己曲膝才能夠完成跳出去的動作，不再有被動的助力，這又是一次更大的挑戰。

生活中的事情也是如此。有些事情，在你面對它的時候，自己看得清清楚楚，知道自己要付出多大的努力才能完成，是對自己的一個挑戰。但有時候我們就會懶惰畏懼，不想出力，我們就是自己認輸。事情的達成看起來很難，因為我們都被舒適的想法所勸服，不想再去挑戰；事情的達成看起來又很簡單，因為需要的只是我們大膽地跨出第一步，事情自然會不斷地推著自己前進。

本來以為，在彈跳中，會激發我想起生命中最重要的事情，可是我並沒有想什麼。我以為，我會想起那位我最為摯愛的她；我以為，我會想起那個我最為眷顧的家；可是這些都沒有發生。你說生活很殘酷也好，似乎在這千鈞一髮之際，你真的能夠顧及的只有自己；你說生活很簡單也好，好好地愛自己，

好好顧好自己才是最為基本的。生活是自己的，一定要過得讓自己覺得值得，你可以哭，可以笑，可以愛，可以恨，只要你覺得這一活，值了，就夠了。不要再跟自己說，因為父母想要自己如何所以才這麼做；不要再跟自己說，因為很愛某個人所以才這麼做；不再跟自己說，因為社會是多麼地不自由所以才這麼做。父母、他人乃至社會，他們是多麼的無辜，成為了你給自己如此做的藉口。你自己呢？更是如此的無辜，居然要不斷地找尋外在的理由證明自己做的是對的，即使明明知道自己是不情願的。要跳，就跳下去吧，你可以跟我一樣狗熊一般地跳出去，你也可以和英雄一樣豪情地躍出去，不要再活在自己的想像中了，把想法交給行動，讓行動富足想法吧！

27 慈湖英雄

完成兩次高空彈跳的我，扶靠在橋杆上喝水，一直都沒有機會抬頭看看這片藍天，似乎之前的自己已經是緊張到沒有心思來打量這片天空，這時候望著它，相襯在綠水青山之上，夾雜著棉花糖白的雲朵，甚是讓人舒朗。

三輛汽車浩浩蕩蕩地駛過來，從車上下來十來個大媽大叔，其中一個阿姨走在最前面，跑過來問我，「你們開始跳了沒？」

「呃，不好意思，剛剛跳完了最後一個，他們正在收拾準備回去了。」

「哈？真的嗎？我們一直開車過來，就是想看看跳橋呢！」

這群阿姨叔叔們開始議論開來，雖然自己沒有看到，但是可以把跳下去的驚險描繪地繪聲繪色，有幾個阿姨還不時地把頭勾出橋外看看高度，摸著胸脯感慨了一番，「這麼高，我可不敢跳，我還是看別人跳就好，看著都嚇壞人心肝。」

摔車的傷一直都沒有好，經過這番彈跳，加之繩索的拉伸，腰骨和胸腔的疼痛又開始發作，簡直感覺整個骨頭都是鬆鬆垮垮地勉強拼湊在一塊，生怕一不小心就會塌下來。出門的時候記得帶了跌打損傷的藥水，等人都離開後，就脫了衣服塗抹在全身，頓時成為了一個臭人，全身散發著藥酒的酸味。

在這個時候，我遇見人生中第一個大型重型機車手朋友——Teddy，他跟他的車子一樣，全身素黑，轟轟轟地開了過來。

「請問，高空彈跳是在這裡嗎？」

「是的，剛剛結束，他們的工作車也剛剛離開。」

「哦，我的天，我以為是在巴陵大橋，到了那裡有人說還要往裡開，居然沒趕上！」

「沒關係的，他們每週末都會在這裡彈跳，你下次過來就好！我也剛剛彈跳完。」

「哇塞，那麼厲害！我也就過來看看，湊個熱鬧，不敢跳，我怕高，不過不怕快，所以喜歡玩賽車。」

人真的很特別，我一直非常敬仰疾馳而過的賽車手，每次開著自己的機車行走在北宜公路上，都會看到五顏六色的重機車隊經過，轟轟的速度聲，加之大傾斜的急速彎，再來段優雅的

小飄移，簡直就是最威的華麗身姿，好生仰慕。看著我的小機車，急轉彎都要繞一個好大圈才能拐過去，有時速度不減下來還有飛出去的可能，更別說有膽量駕駛上大型重型機車玩速度。從來沒有見過頭盔下的真人，想像中的他們都是留著鬍鬚的粗狂帥哥，這一次居然能夠跟車手如此接近，而且一睹廬山真面目，那可叫無比的激動。

Teddy摘下頭盔，跟生活中的很多人都一樣，樸實憨厚的輪廓，也沒有鬍鬚，乾乾淨淨的臉蛋，聊起來才知道他已為人父。Teddy的話讓我很震驚，從來沒有想過一個重機車手會讚我厲害，因為在我看來我無非是一個毫無

色彩的小輩，Teddy才是有著精彩故事的車手。如同在我遇見還是背包客的她，在她面前我總感到卑微和渺小，在她厚重的生命體驗中自己的過去變成了灰白的單薄。直到聽到Teddy那一番簡簡單單的話語，就那麼一句話，說者無意聽著有心，我似乎明白了一些東西。

你我所走過的路子不同，所經歷的事情不同，所擁有的東西不同，生活就如同圍城：牆裡的人看著牆外人的精彩，牆外的人看著牆裡人的美好；牆裡的人想出去跟牆外的人一樣精彩，牆外的人想進去跟牆裡的人一樣美好，卻都忘了看看自己的周邊已經有的這份精彩和美好。每個人都有每個人的命，每個人也都有每個人的特質，我敢於去做的事情不見得你就會去做，你勇於挑戰的事情不見得我就會去挑戰，而正是這份沒有做，正是這份沒有過的挑戰，所以你稱讚我，所以我崇拜你，其實你我都是自己的英雄，只是你我有時候都沒有發

覺，需要有面鏡子給自己照照看，原來你我都不是自己想像中的狗熊。

謝謝 Teddy 給我的肯定。人生最開心的事情，莫過於你最為尊敬的人用最為誠懇的語氣給你最為樸實的稱讚。帶著這份喜悅，我發動了機車往回騎，想趕在天黑前順路到蔣公的慈湖看看。

慈湖，很美！我到的時候已經是傍晚，冬天天黑的快，加之在山裡頭，霧氣已經開始散開籠罩出去，整個慈湖就被燈光與霧氣繚繞，若隱若現，猶如仙境一般。很有趣的是，在慈湖旁邊，有一個雕塑公園，是一九九九年設立的，收集了從全台各地的一五二座蔣公銅像，組成了這個世界上唯一的單一個人的雕像紀念園區，它還有一個很矯情又很有歷史風味的名字——「傷痕與再生」。

法國哲學家傅柯說，在每一個文化、文明中，存在著另一種真實的空間，它存在於虛實之間；虛是它的形，不被人看見，卻深入在歷史與文化中，深深地影響著這塊土地上的人們，進而造就了它的實。臺灣人類學家黃應貴也特別提醒我們不要小覷這些空間的形成，在這空間的背後必然有其成就如此景觀的歷史和文化，這些都是生者所為。慈湖和雕塑公園就是一個非常有趣的地方。

如果把慈湖寢陵當做是蔣中正的墓葬之所，似乎那個時代的領袖都不喜歡把自己的形骸埋入土壤之中，喜歡放在靈柩之中永存其形，蔣中正是如此，毛澤東也是如此。好玩的是，為什麼會如此呢？死人無言，後人完全可以一把火給他倆來個火葬，也完全可以一鏟子給他倆來個土葬，在死者面前，生者最大，這就好像雕塑公園裡的那些銅像，曾經在那些蔣家當政的年代在各處熠熠生輝，而今卻統統收歸在這，有完好的，也有破損的，這些的這些都無關乎已經離開的蔣中正，要問的反倒是生在這片土地上的人們。

遊客們喜歡來這裡遊玩，也喜歡在這裡追憶歷史，看著這些建築，指著這些銅像，評判著這裡的過往。我來這裡，看著一個個大陸客爭先恐後的排隊跟最大的蔣公銅像照相，我笑得很開心，我也跟把風，不錯過跟蔣公照相的時尚風潮。看著這些銅像，走在慈湖路上，我體會更多的是透過這裡看到臺灣的社會和人們。我在二〇一一年關於墓葬空間的研究計畫中，對全世界著名的墓碑、墓園及其空間做了梳理，發現墓葬空間在建構時生者對死後世界的想像，其中所體現的並不是死者自己的意願，而是生者自身對於死者應有的對待和評判的表達。當然這種表達並非出於個體的隨意性情緒表達，它背後所暗含的是強大的知識、文化和信仰體系與價值觀。也正是通過這種知識和信仰的體系與價值觀中的生死世界，呈現出了這個社會、信仰和文化對於「人」應有之形象的觀念。慈湖的變遷，雕塑公園的誕生，無一不是我們這些歷史和生者的傑作。

諷刺的是，在雕塑公園裡，我看著這些蔣中正的雕塑，覺得很不可思議，是因為居然會存在這樣單獨為紀念蔣中正的公園，這看起來就是一種很明顯的個人崇拜；可是我又覺得他特別可憐，可憐的是這些曾經各地生輝的雕塑最終淪落在此相聚，相聚也意味著威權時代的結束。這似乎也說明了，為什麼在更加個人崇拜化的中國大陸，卻遲遲沒有出現毛澤東塑像公園。

到住地的時間已經是七點，寄宿處的主人正好在參加社區社團的尾牙聚會。我到的時候他們已經進入飯後茶歇的閒談，交流中經常穿插著台語，可是我認真的聽著他們的談話。大家坐在一起談著過去一年來社團給社區做的事情，年尾了，把各自對社團的工作看法都說說笑笑地談了一遍，也不忘勾畫著新一年要為社區做的事情，感覺甚是溫馨。

民間的力量，不容小覷。千百年來，華人都是通過自己的努力，依靠民間的力量，推動著整個中華民族的發展。中國大陸一直都很害怕民間力量的成長，生怕民眾的無序帶來的混亂，可是在臺灣發展了這些年的社團裡，我卻感受著民眾之間最為質樸的鄰里關懷。面對國家這個大機器，民眾的力量看起來很弱小，卻如孟子所言，民可載舟亦可覆舟，民間的團結力量可以強大到打破一個威權的時代，這就是明證。

我自己很喜歡做華人，因為華人自有一套天命與公義原理。華人跟很多族群的人不同，從古以來雖視政府為父母官，卻也最不信任最不依靠政府，完全依靠自己去爭取去打拚。聽著社團尾牙上的閒聊，從理事長到執行長到秘書長到幹事，都能從他們身上感受到為社區服務的責無旁貸的公義之勢。雖然他們有的人已經退休，有的人還在工作，但是他們都願意分出精力和時間來為社區做事。他們覺得他們有理由應該如此做，就自己組織起來一起行動把事情做起來，縱使遇到挫折，縱使遇到困難，他們都開心地學習著一起合作解決，因為他們堅信他們做的事情是對的。

有願，就有力；有力，就有可能！

28 自由鐐銬

高空彈跳的任務已經完成，來大溪的目的已經達成，我並沒有馬上離開大溪。我自己也在一直猶豫，為什麼我待在了大溪，足足呆了四天，以散漫到連自己都無法接受的速度在前進。

在之前的旅途，一路都是我一個人在行走，很自在，可以很任性地決定到哪裡去，可以很隨意地決定吃什麼東西，可以很自由地決定做什麼表情。我喜歡跟著太陽的節奏開始一天的旅行，喜歡走進大街小巷裡看盡那些被遊人冷落的東西，喜歡伴著月亮的身影浪跡街頭，不用管別人的眼光，也不用理會別人的心情，更管不著別人的時間，只要我喜歡，GO，做就是了，隨心所欲。

然而，一路裹著寒衣，穿梭在深山老林，人煙罕跡的日子確實讓人倍感獨孤和寂寞。在深夜一個人乘著月色把酒下菜，時間並沒有如煙頭的星火燃燒得那麼快。一個人的夜是漫長的，心也會隨著冷氣的逼近越發被暗黑的靜寂吞噬，多少次想扭轉車頭回去，多少次想念那些有人陪伴的日子。諷刺的是，而今我到了大溪，開始有哥們要與我走上一段。我要去台中把剩下的北上路程走完，他也正好要去台中，說好的一起上路。然而有人了，你就開始變得不能那麼地隨意，開始需要考慮那個人的感受，開始需要與那個人一起協調步調。

哥們是我在學校結識的，習慣了晚睡晚起的作息，住家的地方是他的義父家，難得放假的時間可以睡個懶覺，怎能夠因為我的習慣而打攪了人家的美夢呢？

一個人自在的時候，久了，單獨到想要和人說個話，覺得有個伴一起走簡直都快是最幸福的事情了。而今有人要與你相伴旅行，有人提供溫暖的被窩不再讓你在街頭受凍，你卻覺得束縛了，你卻覺得捆綁了，你卻覺得不自在了。自由的時候苦苦地在尋求可以憑藉的鐐銬，等戴上鐐銬之後卻又渴求著解開的自由。

第二天，早早起來的我，看著慵懶不起的哥們，吃過早飯，看完報紙，已經是按耐不住出走

的衝動，就把哥們丟下，想來等我逛上一圈回來，他方才會起床吧。有時候在思考，我怎麼就不能夠寫張紙條，就這樣丟下他，繼續開始自己自在的下一段旅途？或許因為他是我朋友，不是平白無故在街頭的陌生人吧！人與人之間的連結是一件很奇妙的事情，尤其是在華人社會裡，不同的關係在給予資源的同時也需要負荷不同分量的責任。生活中的交往似乎也和化學反應一樣，需要遵從能量守恆的等價交換原則。如果他與我只是萍水相逢的過客，那麼他也不至於需要幫我找尋溫暖的落腳點；如果他與我只是素不相識的路人，那麼他也不至於需要花時間陪我一起閒逛夜市。然而，今天我與他卻成了朋友，肆意妄為只會讓友誼產生裂痕，彼此的相互關照是友誼產生和維持的重要條件，所以他幫我，予我所需，同樣的，自己又怎麼敢扯得下臉皮自私地只顧慮自己呢？可是，常常覺得朋友也需要分類、分場合，尤其是這段旅行讓我感受頗深。要慎重選擇自己的旅伴，旅行的節奏不一致，就如交響樂團沒有了同一的速度，華美的樂章也會被演奏出菜市場的雞飛狗跳。交友亦是如此，我們在不同的事情上都有著不同的理念和節奏，這些就是樂團中的指揮和樂譜，因著這些指揮和樂譜，所以我與這些朋友們才會聚在這一樂團裡，正所謂物以類聚，也因著我們有著相近的理念和協調的速度，我們的友誼樂章才能奏出妙音，而我們的生活圈就是由這一個個不同的樂團交相組合著。

出來，迎接的是藍天白雲，好一個晴天！旅行就是如此，總會遇到很多的事情，有開心的，有悶氣的，這些情緒都不斷地交替碰撞著你，照出另一個你的存在。看一眼鏡子，收拾好心情，旅行還是需要繼續的！

Tip 打破自己的認知曲解

人是一個社會性的動物，生活就是一張人與人不斷互動的關係網。我們每個人都在這大網中，心理當然也無時無刻不受到這張網中關係的拉扯與影響。有時候，我們覺得自己深陷於情緒與問題中時，往往是憑藉著自己的生活經驗，把這張社會的關係網看得僵化而不具有了彈性，所以就很難找到改變的動力與信心。所以，我們要非常留心自己對生活世界的認知曲解，學者的研究提供了八種常見的認知曲解可供參考：

1．肆意推論：憑藉自己的觀察與知覺武斷地下結論。例如，先生的太太經常遲到，先生就因此認為她不關心自己的感受；

2．選擇性摘錄：聽話只聽一半，看也只看一半，只聽見自己想聽見的，只看見自己想看見的，不得全貌。例如，面對叛逆期孩子的父母，就常常只會記得孩子的叛逆行為，忘記了他們曾經也有討得他們歡喜的表現；

3．過度類化：誇大了事件發生的必然性。例如，男孩約女孩出遊被拒絕，他因而覺得女孩對他完全不感興趣；

4·誇大或極小化事件：例如孩子認為自己偶爾幫忙媽媽到菜市場買菜就是分擔了該做的家事責任，不過媽媽卻沒有感覺到孩子有幫忙任何家事；

5·歸咎個人因素：把一些看到的事情刻意地解釋成跟特定的人有關。例如女友希望多一些時間跟閨蜜在一起，男友因而認定女友不喜歡跟他在一起；

6·二分法思考：凡事都往兩個極端思考，非好即壞，非黑即白，沒有了中間的任何選項。例如，情侶的戀愛相處總會有愉快的時光也有不好的時刻，可是一方只記得美好的時刻，另一方卻只記得不好的回憶；

7·標籤化：把行為歸咎於外在的因素。例如，做事情總是半途而廢的人把自己的行為歸咎於星座——就是因為某某星座的人註定了散漫，所以自己才會這樣；

8·心靈解讀：不願意與他人溝通和澄清，根據自己的經驗直接解讀別人的想法，認定自己已經知道對方的意見。例如，男孩常常不敢主動邀約周邊人緣極佳的女孩，因為他可能會認為她一定不會對他有興趣。

29 空色相間

愛情，作為人生活的一環，是一劑不可或缺的生命藥水，在眾多的傳說神話典籍之中，都是一個無可迴避的主題；在臺灣，就有這麼一座以愛情故事為主題的館——大黑松小倆口愛情故事館。

「大黑松小倆口」是一個品牌名稱，主產牛軋糖與喜餅，所以由它整理出一個以愛情婚慶為主題的故事館，並不會太讓人意外。故事館的建築均以藍白色澤為主，純潔雅緻。從踏進這裡，沿著紅紫相間的花徑漫步，簡直是突然掉入了白雪公主的童話世界之中，夢幻到你根本不會相信眼前的這一切不是真的；慶幸的是，它真的不是真的！可是，又何妨呢？在戶外的湖上，有半截的船頭，點綴得足以讓親密的小倆口上演一齣鐵達尼號；花園裡還放置了一小棟藍白的教堂，渲染得足以讓親密的小倆口即興一出青春偶像劇；後院裡不忘建造一座月老廟，曲徑通幽，神秘得足以讓還單身著的你真信了其神威，拜求桃運。

你說愛情是怎樣的一種東西呢？或許每個人說的都是不同的樣貌。愛情有著它獨有的私密，可是愛情似乎又有著它的大眾性。一個小小的教堂，一個短短的船頭，一個矮矮的月老廟，這些既使不告訴你這是個愛情故事館，想必來到這裡的每個人都會在心中漣漪起愛情的浮光掠影。東西不會說話，每個人卻如讀書的哈姆雷特，都能從中讀出一份屬於自己的愛情故事。張愛玲在她的雜記曾經寫道，什麼叫做愛情？很多時候我們傻傻地把所看到的愛情故事當做了愛情的定義。

我坐在花園裡，看著遠方教堂下幾個青春的少女正在搔首弄姿，用相機抓住每一刻最為美妙的思春樣態，想來我也與她們無異。一個人坐在這裡，看著這些建築到發呆，已經不知道是建築裡的愛情故事著迷，還是為了屬於自己的愛情陷入沉思。金錢可以使鬼推磨，愛情卻更勝一籌。南茜・霍蘭（Nancy Horan）就曾以萊特與梅瑪的故事譜寫出「生命誠可貴，愛情價更高；若為自由故，兩者皆可拋」的動人篇章。一年的時間了，一直沒有忘卻曾經相遇的她；一年的時間了，似乎心一直都沒有給機會放過自己。雖然這是一份一個人的愛情，卻可以讓一個人勇敢到無所畏懼，整個生命都成為她的注腳。自由的枷鎖為她而拷上，無果的結局依舊無法打

圓覺悟禪機
莊嚴憑法音

破沉迷的心靈，縱使心是如此的煎熬，縱使心是如此的刀割，縱使心是如此的糾纏，依舊不肯放過的是自己。選擇了等待，以為只要這樣等著，就如望夫石的故事一樣，終有一天會感動天地，終成眷屬。不管等待的無助，不管等待的焦躁，不管等待的茫然，心都會因著這是愛情的緣故開心幸福著。

愛情故事館裡，是由中古的歐洲風格設計而成，以童話的城堡鋪陳開去，從頭到尾，講述著一個個美麗的歐洲愛情故事，著實讓人垂涎想望。有人拿玫瑰來比喻愛情，我想最恰如其分了；愛情一如這些故事是如此的惹人喜愛，卻又全身帶刺讓人苦痛掙扎。米蘭・昆德拉筆下的生命無法承受它應有的重量，索性就讓其行樂至輕飄的狀態。

走在故事館裡，在想，這些愛情故事到底是屬於故事裡的主人公呢，還是屬於讀著故事的人呢？

佛家講空色相生，空即是色，色即是空。愛情似夢幻泡影，如水中月，明明在那裡，你卻怎麼撈怎麼抓也勾不到，全因著心裡的執著一味地相信著這輪月；然而月明明就在，心裡的執著明明就在，最怕的是忙忙碌碌的生活裡，看不到自己的這份執著，忘記了抬頭發現真正的明月。

離開愛情故事館，我去拜訪寺廟。很早前就聽聞大溪的齋明寺是三級古跡，特別古雅清幽。齋明寺舊稱「份仔城」，嘉慶年間林本源家曾招墾於此，它是一座三合院的寺廟，屋頂、牆身酷似一般的民房，裝飾平素，皆無一般廟宇繁華富麗，正殿無簷廊亦為其特色，整體而言，令人有古樸與家的感覺。

現在的齋明寺由法鼓山接管，成為了禪宗修行的道場之一。過來的時候，正好負責這裡的常駐法師回金山的總本山，只有兩三個志工在值班。閒逛其間，流連甚久。我自己很喜歡宗教場所，尤其是佛教的禪林，靜寂通靈，在與花竹的相處中，心也會跟著聲聲鳥鳴安寧下來，細細地跟著腳步前行，思量什麼，又不思量什麼，空空如也，任憑自己放鬆自在而動，不知覺中天色漸黑。

30 北埔鄉味

一直到用過午餐，哥們才慵懶地爬起來，準備出發去台中。我們走的台3線，一路都是山，見不到海，去台中的路很簡單，只要一直認準了台3的標誌就能夠到達。台1線就不相同，台1線沿著西海岸走，也能夠到台中，可是因為它是早年的省道公路，所以它幾乎穿過了由北到南的所有城鎮，特別的曲折，所以這次我們就刻意避開了，不走台1線。

在台3線的78.8K處，路邊矗立著一塊木雕招牌——意念工房。經營這家工房的是一對范氏兄弟，子承父業，兄弟倆幾經摸索，終於找出自己想走的一條路。他們將通俗市場的需求拋諸腦後，盡情將從小到大所受的生活教化融入作品當中，創造出帶有濃厚道家與自然風味的作品。在混合機器與手工的製作方法中，范家兄弟希望能不經刻意修飾地展現木頭的原貌與生命，在生活中表現天人合一的自然美學。

剛進來是被裡面的木制傢俱的設計所吸引，開始還會膽怯，隨後老闆之一的范揚武走了過來，熱情地攤開椅子，跟我和哥們說道，「一起喝個茶吧！」茶几是他們自己親手敲鑿出來的，很自然。揚武摸著桌子外延的紋路，借著沁香的東方美人茶香，娓娓道來他關於「朽木可以雕也」的設計理念。他說「製

造傢俱的木材基本上以較硬、不易腐壞的木材為主，但木頭本身的料性及狀況，其實已經決定了它的去向，因為每一塊木頭都有獨特的硬度、溼度、花紋、造型、節理、韌性色澤，所以，要真正發揮一塊木頭的天賦異秉，就得先成為木頭的專家，對各種木質有深刻的體會。但有時一件作品的誕生，還需要後天人為的刻意醞釀，甚至是破壞，讓它再次經過大自然的風化，才會有一種特別的風味，那是機械量產永遠無法擁有的光陰智慧。」

這是多麼一番極富哲理的話語，卻被揚武通過多年在木藝上的打磨與體會深入淺出地說了出來，如素顏的玉不需過多的雕琢，雖質樸但卻溫潤華美。自己一直以來都覺得過得很糟糕，有時候真不知道為什麼會成就現今的我，如果可以回到初始，我想我也許會選擇另外一條路。但是人生並不是遊戲，由不得你重新來過，所以一直以來，我相信了命定論。生在傳統的中國家庭，幾經無

營業中

奈，放棄醫學夢，走上文人的道路，面對強大國家體制壓迫的無力感，早已經認定在這個時代，在我的國家，我只能依循著前人的覆轍，默言地活下去。夢想不知何時在成長中被抹掉，吶喊不知何時在監管中被沉默，不再相信自己和這個時代。然而，揚武的一席話，卻深深地搖動著我沉死的心。木頭只要是塊好木，不論它經過多少的風吹雨打，都無損它本有的特質。我們每一個人都應該是生活的木頭專家，不論生活如何地無情與嚴酷，好的生活都需要自己創意的醞釀，對生活用心去深刻體驗，即使它依舊美中不足，但它卻可以因為自己的精雕細琢而完整；待它再次經受時日的打磨，相信年久佳釀必有一種特別的風味，那是日復一日敷衍的無奈與失望的生活態度所永遠無法擁有的光陰智慧。正如揚武摸著桌上的裂痕，說「生活就如這桌子，這些痕都是那麼的自然，無需去刻意地掩蓋掉它，生活絕不會因它而有所缺損，反而會平添生活的韻味，關鍵在於，木工就如生活，生活如木工，需要的是用心經營，因才施力」。

范家兩兄弟經營的這家工房，算是子承父業，木工的工藝最初也是手把手從父親那裡傳承而來。雖然他們並沒有很高很耀眼的學歷，但是他們的雙眼都泛著對知識與創意的渴求，對新的東西都充滿好奇，用心去體驗著每一塊木頭的深邃，並用雙手將其挖掘表現出來。我很好奇地問揚武，「你就沒有自己想做的事情嗎？怎麼會想要接承父親的木業？」揚武笑了，我也摸著自己大大的

SMANGUS
意念工房
意念工房

腦袋。雖然知道自己頭大無腦，可是對於茫然飄盪的我來講，這個問題確實一直困擾著自己，看到揚武這般地從容自在，確實是我無法感受的地方。揚武說，「愛木頭的人，生活裡，就會到處都是木頭。鋸木頭時，聞著不同的原木味，那是比香奈兒香水還迷人的費洛蒙，深呼吸一口，好像來到一座深邃安靜的森林。用木頭燒出來的水泡茶、煮飯還別有風味，那是五星級飯店大廚永遠做不出來的柴燒味、山地味。有時在山間散步時，常常會不自覺駐足觀賞錯落的樹幹，突起的樹根，頭頂上隨風晃動的葉子，用眼睛感受一大片正在呼吸的木頭，動手把枯死的木頭變成一件器物時，是一件很快樂的事。」

說到開心處，揚武的朋友路過北上，正好繞進來喝茶。旅行最有趣的地方，就在於一路上你可以遇見意料之外的奇人。范家兄弟於我而言已是厲害之人，他們的朋友更是可愛至極。我們草草寒暄幾句，只見他突然從口袋中拿出一個黑色長本翻閱起來，翻了好幾頁，搭配著他圓亮的光頭下，兩隻黑瞳大眼睛閃著無名的光芒。

「你說，你叫俊鋒嗎？」

「是的，我叫胡俊鋒。」

「就是那個出了一本書，上電視那個？」

頓時，我低頭搔首。一直都不太想提及這件事，突然被人說起，開始害羞起來。看著他瞪大的眼睛，驚歎的神情，感覺似乎是偶遇了書迷一般，感覺真的好獨特，不好意思卻有內心暗喜。

「嗯，是的。」

「哇塞，你就是我要認識的人，我早聞其名，雖然還沒看到書，但是我看完電視後就把名字記下來，告訴自己今年一定要認識他。」

這簡直是一齣突如其來的書迷與作者相遇的故事。范家二兄弟雖然連我寫的書名叫什麼都不知道，但是立馬雙眼跟著閃光。去年我把自己在臺灣的見聞與觀點寫成《臺灣，你可以更讚》一書，對於我來講，這是一件不一些東西太難的事情。作為一個外來者，臺灣有很多是我不曾見過接觸過的人與事，緊緊地抓住這份新奇的衝擊，用文字表達而出，是很自然的事情。看著范家二兄弟的眼神，我才發現，有時候自己覺得自然容易的事情，對於其他人來講並非如此。從沒有把出版書籍看成是多麼了不起的事情，可是范家二兄弟的嘴巴已經微張，我也就不用再多說。揚武是個細膩的人，也在工作之餘寫一些東西，因為知道寫作中欲動而未動之間的掙扎，所以我頓然抖擻起來，拿出全身的力氣鼓勵揚武，一定要寫，不論自己的文字多麼不純熟，不論自己的想法多麼不完善，先緊緊地抓住此刻的靈感與感受寫下來，否則一如我的這段旅行，沒有準備好的時候，不動就不會再動了，不寫靈感就從指間溜走了。

巧的是，我和范家二兄弟都是客家人，我是梅縣的客家人，范家兄弟是後埔的客家人，我們的客家話極其相近，溝通起來一點都沒有問題。客家人一直都是一個神奇的族群，有那麼一群人散落在世界各地，根本不知道當初為什麼這群人會自稱為「客家人」。有人說是因為這群來自於中原的人為了躲避戰亂四處流浪奔走，居無定所，故稱為客家人，客居他鄉的人，久而久之，形成了一個族群。散落各地的人雖然互不相識，但是語言卻是相通，文化更是相近，對於「客家人」的認同更是堅定不移。在臺灣，聽到鄉音，是多麼親切的事情，一如「老鄉見老鄉，兩眼淚汪汪」，即使這段「老鄉情」已經不知道可以追溯到多少代先輩以前，但是一點都不妨礙著我們彼此相遇相知的感動。

范家二兄弟甚是開心，激動之時，早早關起店門，千言萬語邀我一起走走後埔老街，要帶我去品嚐一頓後埔的客家大餐，客家人的好客情懷真是不論在何處都是保留地如此完整。

北埔老街包括北埔街、廟前街、南興街、城門街，街區因是基於拓墾目的發展起來的，所以住屋十分緊密以達到防禦效果。揚武告訴我當初客家人遷徙來此，勢單力薄常被欺負，這種緊密的格局方便通風報信與集結抗敵。這裡信仰的重心有兩個，分別是金廣福會館與當地信仰中心的慈天宮。慈天宮以東的建築多為土角厝，是早年墾民的住所。以西的部分多為長條型街屋，其第一進多為兩層樓高，面寬三開間，是地方情勢安定後才建設起來的。慈天宮前的北埔街到南興街口的這一段，過去稱為「上街」，而從南興街口繼續到北埔國小的這一段則稱為「下街」。街區內有金廣福公館、天水堂、北埔慈天宮等古跡，其特產有靠秋季九降風製成的柿餅、柿乾以及芋仔番薯月餅，而另稱「椪風茶」的東方美人茶與客家擂茶亦頗有名氣。

揚武帶著我在老街裡穿街走巷，到了慈恩宮外，說起了兒時的自己是如何在這裡嬉戲打鬧，想不到一眨眼的功夫自己就長大了，承接了父業，老街也從過去繁華的商業街道成為了而今的觀光景區，人與事都變了，唯獨慈恩宮這些建築群一直都在這裡，承載著跟揚武一樣土生土長的當地人的成長記憶。

我們吃飯的地方，就在慈恩宮旁邊——北埔食堂，客家桐華的服飾，牆上掛著農忙時的斗笠，質樸的客家農風撲面而來，自己的心中有股說不出的感動。對於一個漂泊在外的遊子來講，聽到鄉音已屬不易，更在此找尋到客家家風的感覺，叫人如何不為之感動呢？當我吞下第一口梅菜扣肉的時候，已經是為之潸然淚下，吃過臺灣那麼多的梅菜扣肉，獨獨這裡有著家裡的味道，夠鹹夠香夠味，通過味覺、嗅覺和聽覺，已經全方位地被思鄉之情所包圍。

總之，今日有茶、有菜、有話、有人，他鄉遇故知，不亦悅乎。

31 默言離家

從北埔食堂出來，已經是晚上九點多，再下來的路都是山路，而且還需要跑上好一段，我想要是我一個人的話，我會決定繼續上路，可是畢竟夜行的危險性太高，哥們執意不能再繼續前行。我本來也不是很固執的人，旅行嘛，既來之則安之，隨緣心會讓自己處遇旅行中出奇意外的事情看得更開，也會變得更開心。所以，我跟著哥們穿穿走走，跑到了哥們在新竹的親戚家借住一晚。

突如其來的拜訪，讓哥們的親戚喜出望外。哥們離家出走已經快一年，雖然上學的地方就在臺北，離家也不遠，可是卻一直都不斷地遠離家，不願意回去。在這個世界上，有些人在家，卻不斷地往外跑，離家是他的生命主題；有些人離家，卻不斷地往裡跑，回家是他的生命追求。離家在很多人看來並不是一件好事，家在我們很多人的眼中，應該是一個溫暖而包容的避風港，而離家的孩子都是一些可憐之人，可憐之人必有可憐之處。我很佩服我的哥們：人生中有些事情並不是自己所能主導，也有太多的事並非我們所能承受，有些事則過早地在我們還沒有準備好的時候發生，更有太多的事情是我們不願意再去揭露卻一直在暗處作祟。

聽哥們說，他內心深處一直無法接受母親的自殺，雖然當時他只有三四歲，可是母親跳下去的那一幕是他這麼多年來繚繞在腦際揮之不去的陰影。在他的心裡，他根本無從找尋到那個溫暖而包容的家，雖然他一直很努力去接受這個家，可是心卻不讓他原諒這個家所發生的事情，尤其是母親離棄他的事實。無聲的離開，無言的拋棄，不要說是對一個小孩，就是對成人來講也是一件難以承受的創傷。

親戚們太久沒有哥們的消息，一看到簡直就是罵了開來。

「你怎麼都不回家，你知道你爸到底有多擔心你嗎？」

「你怎麼那麼不懂事，去哪裡也不跟家裡說一聲！」

「你都長那麼大了，怎麼就不會替你家裡考慮一下！」

可是，這是多麼愛潮洶湧的罵，他們都因為深愛著哥們所以擔憂著他，為他焦慮，見到了這種帶著心憂的愛馬上暴露了出來。我很羨慕哥們，羨慕他有著這麼疼愛著他的親人們，當自己無處可去的時候，還隨時可以到這裡來避風過夜。很快的，哥們的親人就開始噓寒問暖，趕緊把冷了的湯再溫熱。

「這些日子，你都在做什麼事情？有去上課嗎？」

「錢夠不夠用？生活上千萬不要餓肚子。」

看著哥們的親人的各種關懷，想起了我自己的家。

家，真是一個讓人捉摸不透的地方，它是每一個人最想回去的地方，可是要回家真的不是一件容易的事情。心理學上很注重「原生家庭」的影響，對

「原生家庭」的反思是重新認識自己的好的切入點。基本上，人一生有兩個家，一個是有兄弟姊妹、父母照顧的家，另一個是進入婚姻生活後的家，也是自己當家的家。原生家庭（Family of Origin），就是指個人從小長大的家。家庭塑造人的個性，影響人格成長、人際關係、管理情緒的能力，以及對人與人之間互動的瞭解；甚至談戀愛時，總是看上特定類型的對象，也都有其不同的背景和原因。

家在我們的想像和文化之中，是一個最親密的地方，是滋養我們整個童年的養分，有時候雖然不會被我們察覺，可是它卻有著足夠的力量影響著我們每個人整個成長的過程。俗語裡面常說，家家都有本難念的經，每個人都有不同的家，每個人在各自的家中都有不同的故事和遭遇，也對家庭有著不同的回憶、愛或傷痛。從正面來思考，家可以給我們甜蜜的溫馨、避風港、安全感、

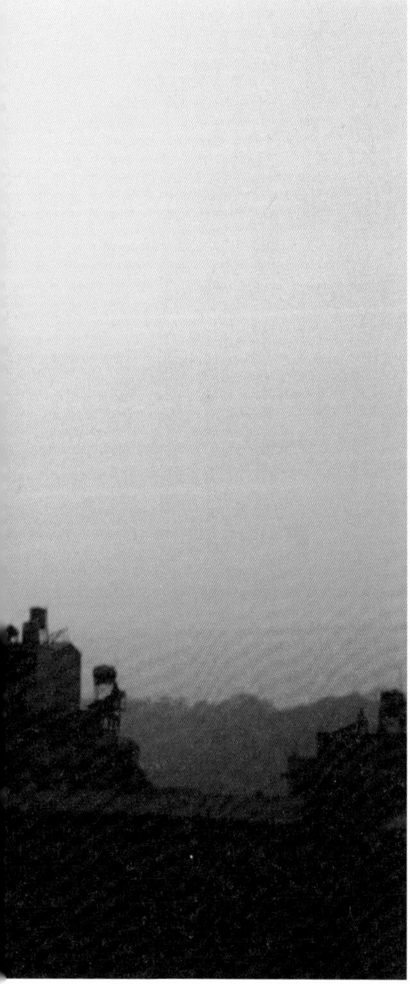

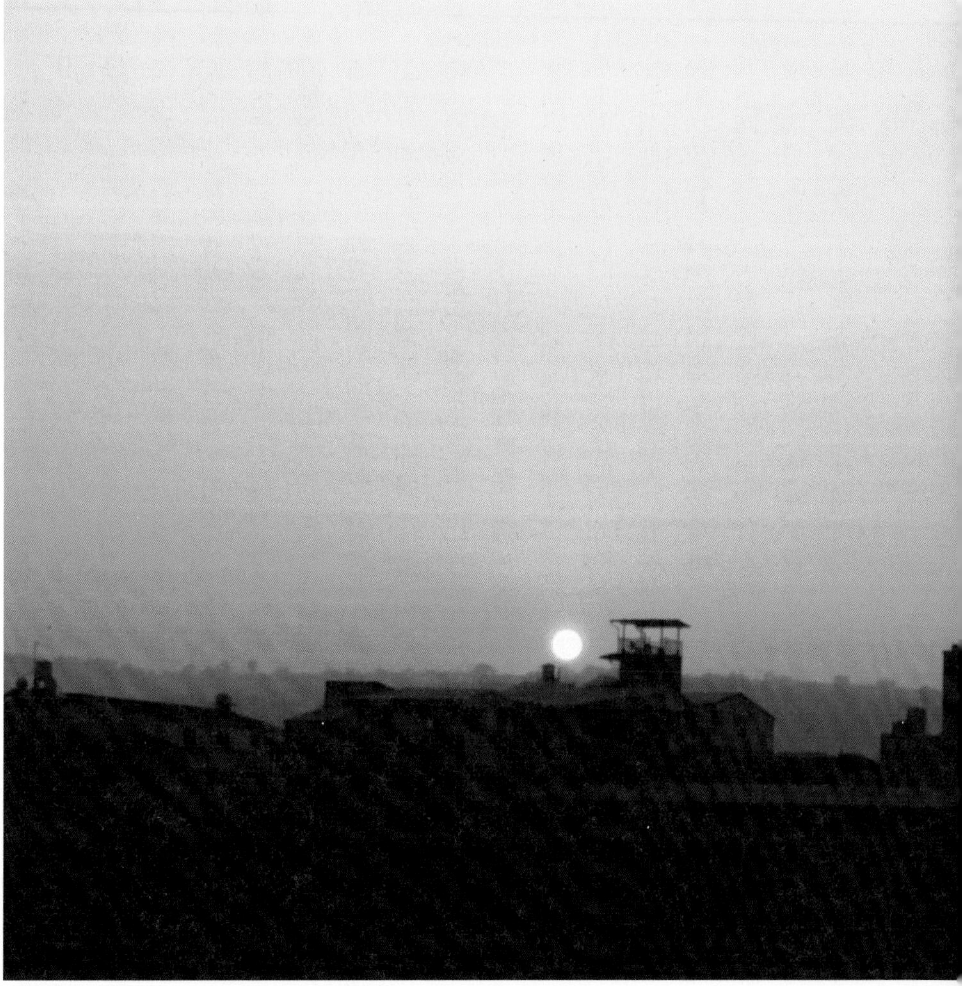

信任；然而從負面來思考，家也可以給我們帶來攻擊、過份防禦、孤獨、無助、沮喪。

每個人成長中多少留下某些印記——情緒按鈕，這些情緒按鈕可能通過「時間」的形式凝固而成，所以有些人在特定的季節，在特定的夜晚，甚至是在特定的時間點都會莫名地從身上生出情緒。這些情緒按鈕也可能通過「感覺」的形式保存了下來，所以有些人聽到某一首歌曲，聞到某一種氣味，看到某一種景色，會頓然的情從心出。這些情緒按鈕也可能通過事情的形式變成的，所以有些人遇到特定類型的事情時，有些人在處理事情陷入特定境遇時，一些連自己都說不清楚的情緒一觸即發。這些情緒按鈕常常並不會被自己察覺，所以日復日、年復年不斷地重複著，已經形成了特定的規律，某些特定的時刻總是會迎來一番沒有被察覺且處理的內在情緒。就好像很多家中的老么，在家裡決定權輪不到他，如要突顯自己就得講話特別大聲。一個總是害怕得不到注意力而提高聲量的孩子，將來在他的人際關係上最敏感的，即很看重別人是否能尊重他的意見，一旦覺得被忽視，就容易啟動情緒按鈕造成不必要的衝突。一個從小看媽媽總是用眼淚來威脅或操縱爸爸的小孩，長大後當他看見太太掉眼淚時，常立刻大發脾氣，卻不是去安慰她，因為他彷彿又看見兒時的影像重演，潛意識裡已認定太太就像媽媽控制爸爸一樣來控制他。其實這個太太很無辜，她只是不小心觸犯了丈夫的情緒按鈕。生活中有很多狀態是因為把過

嘉豪大飯店
住宿600
休息250
300
住宿
500

去和現在混淆了，以為過去的事情又要發生了。其實，在你身邊的人只是碰巧觸發你的按鈕。

當我在重新回顧以自己為中心展開的家庭結構變遷和故事發展脈絡時，往往會發現每一個事件的發生和關係的產生都是彼此相互關聯的。在同一個家庭情境中的成員都各自延續著各自的生命腳本，而在這些生命腳本相互交會的地方，也就是「個別性」與「集體性」的拉扯之處，又會產生各種「父—母—孩子」三角的糾纏和牽扯的關係，也就產生了家庭結構和關係中一個個看似無法解開的結。

在我的成長過程中，一定程度上成為了父母的夢想實踐者。父母常常教導我「一定要好好念書，一定要讀到博士畢業，沒有念到博士就不用想考慮談情說愛的事情」。父母經常會把他們因為學歷文憑的原因而在社會上遇到的坎坷告訴我，他們不想自己的孩子重走自己的「苦路子」，希望自己的孩子能夠擁有更高的學歷文憑和體面的工作。所以父母在我的生活中，經常以「你應該……」、「你不能……」、「不可不……」等語句來要求我，他們一直不肯放手讓我走自己的路；在我選擇大學院校的時候，父母的要求是必須是在省內的學校，這樣才能置我於他們的照顧範圍之內，這種父母對於孩子不放手的愛，以及我自己對於父母的順從，使得我難以實現「獨立自我」。

我雖然也沒有在父母關係中得到很好的「獨立自我」，但是由於從小就是跟隨父母一起長大，從小就開始有抵抗父母的行為和情緒，形成了自己的逃避父母壓力的策略，也建立了除了父母以外的朋友關係網絡。

在我的家人心理距離結構圖，家人在我的心理距離都各不相同。由於長期與父母的對抗情緒，形成了我與父母關係的疏遠，因此與我最為親密可靠的是我的朋友，他們是我逃避父母壓力的一個出口，也是我能夠傾訴情緒和情感依靠的對象。朋友成為了我生活中最為重要的一部分，這也在另一方面加劇了我與父母溝通上的隔絕。

重新回顧自己的家庭事件，把當下的自己與童年經驗做一個連結，感受最深刻的是對於家族結構和關係的分析過程。從思考誰是我的家人，到每個家庭成員中的關係應該如何定義，這些都是我不斷回顧過去的生命經歷，也是不斷審視和理清我與家人之間的關係的過程。這是一段不斷選擇、不斷重複的過程。在這一個過程中，伴隨著我的是過往經驗和情感的不斷湧現。按照精神分析學派的說法來看，這些都是一直潛藏在我身體內卻一直沒有被處理的過往經驗和情緒。

人如果沒有勇氣去面對過去的一些痛苦經驗，而一味壓抑受傷的情緒，反而會變成這些情緒的奴僕。去強力控制、否認這些情緒的結果，反而讓他們在意想不到的時間、場合，以更大的強度爆發出來。所以我們要常常自省，學習瞭解情緒，處理情緒。當我們進入情緒過激的危機狀態時，也是給我們重新學習最好的機會，這個即時反省的過程，可以幫助我們更深入去瞭解潛意識中種種心理運作。人一生中不知有多少類似的經驗，藉著情緒日記一點點記錄下來，可以幫助反省。

Tip 心放在身之所在

現代的心理諮商方法越來越強調「當下」的力量，這亦是禪修與內觀的基本功之一。佛家有言，諸世乃色界，色空合一，無常也，所以佛家中的禪坐非常強調從「當下」入手。在生活世界裡，未來有著太多的不確定變化，有時計劃趕不上變化，把心過多地放在未來之事上，必然也會帶來諸多對未來的期許，不確定性越高，心也就會變得越焦慮；期許未來越多，心也就會越發地惴惴不安。同樣的，過去了的記憶伴隨著年歲的打磨，剩下來的記憶都是過往時日的結晶，習慣於活在記憶中的人就會越來越感歎時日的滄桑與蹉跎，要麼悔恨當初不夠精進而為，要麼常常婉兒歎息他日之美好，可時間並不會因此而倒流，故只能徒傷悲，平添憂思。所以，唯有從「當下」上下功夫，才是最好的安心之道。

「當下」的功夫是怎麼一回事？聖嚴法師常常在禪坐中教導眾人，「身在哪裡，心就在哪裡」。一次只做一件事，專事心心把它做好：吃飯就好好吃飯，感受每一粒米的醇香；走樓梯就好好走，心安放在每一次踏腳的階梯處。雖然樓層有盡，但不必老想著還要爬多少層，也不必老想著已經爬了多少，就清清楚楚地踩好每一步，這樣樓再高也能爬完，事再難也能達成。一步一步地行動，不因太過於遙遠而止步，也不因太過於艱辛而放棄，專注於「當下」的「做」，成功自然會與你相遇，我想這就是「當下」的力量。

32 青春無羈

到台中趕腳去了趟仰慕已久的薰衣草森林，再回到市區已經是夜裡，迷迷糊糊中不知道迷了幾次路。黑夜裡的山路騎車，沒有了指示標語，一不小心就會在某個岔路口繞上大圈回來，這是多麼像一直以來苦苦追尋自我的自己呀！

一直把醫生當成自己未來的人生職業，卻陰錯陽差地因為自己不努力，大學考試分數不夠被強制分配到哲學系念讀，沉吟兩年出走到人類學系開始了來回穿梭於華南與西南之間的田野路途，又是兩年，這次終於選擇了自己喜歡的心理學研究所，可這真的是自己所需要的嗎？兩年轉眼的功夫過去了，似乎並未有當初懵懂恍惚時的喜悅，下一步該走向哪裡，人生似乎有著太多的可能性，有著太多的岔路口，雖然有些路會累一些，有些路會遠一些，有些路會曲折一些，可是我發現我看見了其他人所看不見的風景，我學到了其他人所沒有涉獵的知識，我感受到了其他人所沒有敏感到的覺受。黑夜裡我繞了遠路，但是只要知道自己往哪裡走，就終會走到該去的地方。雖然路上苦苦找尋的焦躁與不安讓人抓狂，這又何妨呢？這份焦慮與不安越發的強烈，越發看見自己內心的不自信，也越發地努力去找尋出路——置之死地而後生。

走不動了，還沒來得及到台中市區，我和哥們毅然決定就在附近的中正露營區紮營。這裡以前是中國青年救國團的活動場所，隨著時代的變遷，救國團開始沒落，這裡也開始轉型成公共露營區，提供給外人和團體進行露營野炊與團體訓練。救國團作為歷史的產物，是臺灣非常獨特的組織。民國41年的時候，蔣中正推行反共復國政策，宣導成立青年組織來專門負責青年人的政治思想工作。青年人是每個社會血氣方剛的群體，有著用不完的精力，整日找尋著事情做；有著用不完的時間，整日想著如何消磨；有著用不完的源泉，整日胡思亂想異想天開。他們可以是這個社會和國家最需要的奮鬥力量，然而他們也可以是挑戰當權統治的變革力量。救國團跟中國共產黨青年團幾乎如出一轍，把青年人團結一致，在和平年代通過各種訓導方式讓青年人的胡想走向同一個方向，通過各種活動方式讓青年人的精力有處消散，這些的這些都是時代與統治當局的需要，百利而無一害；戰爭年代更是可以把其扭成一股線投身於戰場，成為中堅的戰鬥力。隨著臺灣社會的民主化，救國團逐漸由一政治性組織轉變為主要籌辦週末假日、青少年寒暑假休閒旅行等活動的組織。

現在時代的我們又何嘗跟每個時代的青年不同呢？英國朋克時代著名的音樂評論家兼作家 **Jon Savage** 考察了從一八七五年到一九四五年引領全球的青年人力量，寫成了一本書 *Teenage: The Creation of Youth Culture*（《青春無羈：狂飆時代的社會運動》），他發現，在任何時代裡，青年人都以其最為敏感的觸覺、激進的行動來應對時代浪潮，他們是最為勇敢的先鋒，又是最容易受到蠱惑的信徒，更是戰亡者與享樂者。在對青年運動史和20世紀歐美各國最動盪的歷史作新的註解的時候，我們可以看到的是作為一個時代的社會與國家是如何定義、說明以及控制青春期的歷史，我們可以看到的是青少年追尋理想並擺脫成年人控制的反抗史。旅行，又何嘗不是呢？自我的旅行，一段自我的放逐，一段找尋自我的路，屬於我們這個年代青年人的改變。

在中正露營區，與哥們一道坐在帳篷邊，明月當頭，正好下酒。背包帶中只剩下紹興酒一支，一口嚼餅乾一口喝紹興酒，談論著彼此在這個時代所感受的無力感，談論著彼此在科技化時

代所感受的虛無感，酒與談論的話題同出一轍地難以下嚥，可這就是我們所面對的時代，就這樣談著談著，東方已泛白。

台中有一處很別致的眷村，它跟別的眷村相當的不同：五彩繽紛的彩繪遍佈全村，牆面、地板都畫滿了人像、動物，如愛麗絲的童話世界，在村裡，還住著一位堅守的老人——黃用阜，這些彩繪都是出自他的雙手。他原本是香港人，當年應徵入伍隨著國民政府來到了臺灣，最後落腳在了這裡。他是一個有趣的老頭，從民國97年開始，他就循著自己的突發奇想拿起了刷子把地板塗成繽紛的彩虹，空白牆壁

染上了彩色，星星點點地佈滿了各色的圖，從水牛、小鳥、飛機到各路人物都有；他還會根據自己看到的報刊和遇見的訪客即興作畫，來了日本人，就在牆壁上畫上個穿著和服的女子。一位老頭，一個眷村，一顆童心，是多麼溫馨與感動。

在彩虹村周邊都是被鐵皮圍起來的施工建築地，當我走出彩虹村，一位看守工地的保全跟我搭話，「你們這些遊客就應該少點來這裡，其實這裡也要被拆掉都市更新，可是他就是賴著不走。不要給他錢，他這塊地都價值連城了，他不窮的。」我心裡在想，「小哥，你也不看看人家，他是在用心的畫著自己的家園呢！錢固然重要，可是這裡是他多少年來紮根的家，能用錢來衡量的嗎？在這個時代，一個人能夠明明白白地為自己的家守護到最後，而且還如此童心未老，難能可貴，亦是一件不易的幸福事。你看看生我養我的中國大陸，連自己的家什麼時候會被徵收鏟掉蓋高樓大廈都不知道，是多麼悲哀，是多麼沒有安全感，等到有一天都市更新到你家，自己的家沒了，看著新建冷漠而無情的那些都市大廈，自己又何處安身呢？」

完全沒有心情跟這樣的保全多言幾句，在他冒著金幣的雙眼中，我知道自己說再多他也聽不進去，可是我們的生活周遭又何嘗不缺少這樣的人？想多少年前，我也是如此勢力的一群人，視金錢為唯一，直到因著汶川地震後三年赴川援助的際遇，看到重建災區的人們，跟他們相處，跟他們閒聊，才感悟到，

世事難料，一眨眼的功夫，外在之物都會在一夜之間不見，留下來的只有不會變的情感。想多少年前，我也屬於金錢至上隊伍的行列，紙醉金迷，直到看到一幕幕與政府勾結的開發商，開著推土機推倒了一棟棟的房屋，看著這些失卻家園而無處可歸的人們，才深深知道家的可貴。帶著這些的慨歎與回憶，前進出發到本次旅行的最後一站——「聚奎居」。

聚奎居在烏日學田路上，是三合院結構的二層洋樓，樓的最高處標有「穎川」二字，在其下就能看到「聚奎居」三個字。聚奎居的前庭有一座很別緻的如意水池，整座建築雖然滿佈風霜，破舊不堪，但是整個輪廓與氣場都顯得雄偉華麗，可想見當年的聚奎居是多麼的繁華。建築的風格都採取巴洛克式，正是那個屬於它的年代裡最為華麗的風采，這也正是它的主人，當時的米店商人陳若時一生榮華與衰落的寫照。有人說，陳若時的祖父是當朝進士，在小地方裡已算是非常光宗耀祖的事情了，後來他的子孫們經營米店，積累了大量的財富，可惜卻沒有子嗣。陳若時是當時三位養子之中的長子，他繼承了祖先遺產，田園數百甲，園丁女僕數百人，可謂是顯赫一時的鉅富，在當時的臺灣能夠與之匹敵的寥寥可數。可是國民政府來台後，因為推行三七五減租，加之耕者有其田的土地改革，陳若時的田園數百甲都為佃農放領。家產減少，加上他的突然離世，家道開始中落，慢慢地，聚奎居也就成為了烏日鄉的歷史名詞。

人活在世上，真不知道是自己創造了歷史，還是歷史創造了自己。歷史先於我們就已經開始，在我們每一步踩下腳印的踏實感中，我們告訴自己是在書寫著歷史。可是人生終有時，站在終點回看的時候，歷史與你卻什麼都不是。歷史依舊，你卻安息。難怪乎李清照在面對日日無常的大千世界寫道「物是人非事事休，欲語淚先流」。觸景傷情，踏上歸途，亦即興打油詩一首。

昔時萬千金縷夢，
日照浮沉千古月。
我今北上是歸途，
風寒葉飄櫻花送。

Tip

創造自己的奇跡

有時候，當我們面對問題的時候，會因為對問題困難感的自我強化，而看不見問題的真相。這時候，我常常喜歡使用焦點短期治療中的「奇跡問句」，借著愛做白日夢的風，通過「奇跡問句」進一步看清楚問題的真面目。「奇跡問句」很簡單，你可以試著這樣去想像，「假設你去睡覺，這時出現了一個奇跡，例如你醒來時，發現問題都解決了。這時候，你想情況會有什麼不同呢？」、「你周邊的事情會發生什麼變化呢？」、「你的日子會是什麼樣子呢？」試著通過「問題存在」與「問題解決」的兩種情況比對，去檢視哪些地方是一如往常，哪些地方是會改變的，藉此幫助自己發現問題存在的地方，發現解決問題最重要的施力點。

跋 編之未變

風，如來時，颯颯地從耳際吹過；
雨，如來時，朦朦地在眼前落下。
來時，一路向南，穿梭在橫貫公路上；
回時，一路向北，極速在海濱公路上。
走的時候，臺北的城，陽光燦爛，熙熙攘攘的人來來去去；
回的時候，臺北的城，細雨濛濛，華彩多姿的傘來回交錯。
出發前，一直以為，只要旅行，回來就會蛻變，我，就將從此不再一樣糟糕；
回來了，追問自己，結束旅行，蛻變發生沒有？我，之後就會變得與眾不同？

結　我記得……

一個人的旅行，沒有兩個人的甜蜜，沒有三個人的歡心，沒有結群的熱鬧，卻會收穫一個人的自在，收穫一個人的孤獨，收穫一個人的自己。兩周的旅行，不算太長，回來臺北的那天，出發的記憶猶新；兩周的旅行，也不算太短，一路來遇到了多面的自己，遇見了各態的自然，遇見了不同的人們。

這一刻，迎接著新春的第一縷陽光，帶著行天宮裡的香薰而出，呆在空寂冷清的臺北城，一杯清茗，獨享著這份難得的清淨，抬頭順著公路望下去，一直一直，望到了遠方凝聚成點的山頭，紅黃綠的交通燈交換著閃爍著。我開始翻閱旅行回來的照片，似乎是在看一場自己的電影，看著自己的孤獨，看著自己的勇敢，也看著自己的傻癡，那一天帶著心結出發，這一天回來結已不在，還心自在。

（一）

時間無法療癒我的傷痛，只會留下未癒的疤痕，每當疤痕再次裂開時，依然會像剛受傷時那樣的痛，而這些傷痛就像顆小沙粒，只會終生留在我心靈的海岸上。——呂欣芹、方俊凱《我是自殺者遺族．寄不出的信》

感情的漩渦並不容易走出來，當我陷在其中而無一支撐點能夠讓我抓取走出來的時候，朋友的好心都會很理性地安慰你說，交給時間吧，隨著時間的逝去，你會好起來的。兩三個月過去了，似乎是對的，時間是情感的魔鬼，可以帶走你身上的傷痛。我學著把自己的過去交給時間，用無數的研究、無數的功課、無數的事情充實著自己的每一天，讓自己忙起來，不要讓思緒有半點的空間給過去，告訴自己，給自己兩個月的時間，再不行就給自己半年時間，總會過去的。

有朋友說，俊鋒，你要正向，試著換個角度看看每天的生活，學著每天去發現生活中的美好，哪怕只有一件，學著用正向快樂的詞語去書寫每天的事情。所以，買了一本筆記本，開始強迫自己要用快樂的詞曲填充進去記錄生活，我明白，生活的彩色與黑白都取決於自己給予的色彩，但是已經不知道多少個日日夜夜，面對白白的紙張，筆尖根本觸不到，紙與筆的距離咫尺天涯，我，真的寫不出來！

當再一次遭遇的時候，才發現，時間帶來的只是讓自己故意去遺忘，把曾經的傷痛用笑言的外衣掩蓋，眼不見為實，似乎離開了眼界就離開了自己的世界，然而當傷疤再次裂開的時候，才會發現外衣被掀開了，又是一刀捅進了傷口中，只會讓自己愈加隱痛。

旅行中，我不斷地跟自己對話，問天，問地，問人，問我，看到的自己是在逃。從小到大就在逃，害怕與爸爸媽媽爭吵，害怕與朋友的離別，害怕與愛人的不再。因為害怕，自己就拿起小孩子的雙手遮住自己的雙眼。我不看，它不再了，我跑，我跑，跑到天涯海角，殊不知傷在自己身上，不論自己跑到那裡，自己都會帶它在身上。

（二）

當心痛的感覺出現時，我更加確定，悲傷無法逃避，面對也不會過去，這一切讓我不斷成長。——呂欣芹、方俊凱《我是自殺者遺族．當心痛的感覺出現時》

逃避不會讓自己走向人的成長，逃避不會讓自己長出飛翔翅膀，逃避不會讓自己有自我療癒的能力，唯有面對，因為我走投無路了，不論是我躲在自己的房間裡，不論是我填滿自己的所有時間，不論是我決定讓旅行來選擇遠離，它都會緊緊地附著在身上不離去。

在借宿德華寺的時候，想起第一次在法鼓山，聖嚴法師諄諄教誨的「四它」，面對它，接受它，處理它，放下它。

不要再騙自己了，這樣騙下去只是自欺欺人，這樣騙下去只會讓自己更遠離自我，它就真真切切地在那裡，縱使你扔再多的衣物去躲藏也於事無補。雖然面對它並不會讓它過去，可是只有面對它，才有面對自己生活的能量。愛過，就不要騙自己沒愛過；痛過，就不要騙自己很開心。它是什麼，就接受它吧！只有接受，才是面對的真態度，接受它原本的狀態，也是接受自己本來面目，才有解決與處理的可能性。

處理它不是一件容易的事情，總是要承受疼痛的代價，用雙氧水好好消毒化膿的傷口，總是要承受掙扎的代價，好讓針口能夠插入血管帶進藥水。深陷於局內的不見天日，我明白那是一種深不見底的絕望與不再，那就好好地面對接納這種絕望與不再；縱使絕望，也要讓自己真真切切地感受這份難能可貴的覺受。但是也請相信自己，不要否定自己，沒有任何東西比信念更為珍貴，也從沒有任何一個時候，自己會有如此的困難，又有著如此多的希望；沒有什麼可以輕易把自己救贖，除了內心的愛，沒有什麼可以輕易把人成就，除了前進的腳步。接納此刻的烏雲密佈，接引隨時而到的雲開月明的可能，這是自己對自己的愛。相信很多的人如我一樣，當見得明月破雲而出，對比之下，才發現烏雲並不如之前的黑壓濃重，那就把它輕輕地放下，它已經讓自己長出了翅膀，請展翅高飛吧。自己不會再怕，因為那時候的心是清楚的，自己明白縱使問題再出現，縱使烏雲再迎來，縱使刀子再飛來，你都不會再害怕，它不會再困擾你。

喝一口清茗，問自己，一路的旅行，在哪裡那個結開了？解鈴人還需繫鈴人，旅途中，讓自己有了跟自己對話的可能性，讓自己有了聽別人故事的可能性。遠離了朋友們那些似是而非的理性建議，讓自己的任性自然放肆，自然的花草樹木會陪伴自己，包容自己，你哭，你罵，甚至你捶打拔除，它們都不會離去，默默地聽著你的傾訴，然後拜託風帶走這一切。聽著別人個故事，雖然不是談論你自己，但是會讓自己知道，原來生活可以如此不同，原來他們曾經也與自己一樣困擾沉淪過，原來他們也可以走過如此多的苦難，開始佩服這個世界的神奇，也開始敬畏生命的莊重。

所有的這一切，旅行，本無關乎自己，可當自己把生命放進去，把心放進去，把愛放進去，細細體驗，不放走每一絲的覺受，好好思考自己為什麼會有這種覺受，這樣旅行就與生命產生連結，自然與生命產生了連結，生命與生命產生了連結，這是如此美妙的一件事情。

（三）

如果我們把生命當做「可以測量」的時間，這樣的想法會讓我們失去一些意義，其中有一種時間意義叫做「人的時間」。「人的時間」是用我們的生命狀態來刻度的，我們稱那種刻度叫「我記得……」。——余德慧《生命夢屋》

想想自己從小到大，近三十個春夏秋冬，我的記憶裡都有哪些寶貝？似乎好多好多，多到根本無法用數字數出來，然而又似乎很少很少，少到自己只能用語言說出星星點點那些刻骨銘心的故事。所以，我開始書寫。我沒有華麗的文筆，我沒有優美辭藻，我沒有過人的才氣。那又怎樣？這是一份關於自己的故事，它首先是寫給自己看的，那又何妨呢？我們時常久久握筆在手，遲遲無法下筆，那是因為心知道你要寫的不是自己的東西。雖然你想書寫自己的故事，可是你卻試圖用秀氣的言語道來，那已經變了調。就如泡了一杯茶卻拼命往裡面放糖，好讓它變得甜美，可是那已經不再是茶了，為什麼不直接來一杯甜茶呢？你怎麼跟別人訴說，你怎麼跟自己對話，你就怎麼書寫，真話會來得比任何的辭藻有力。

書寫本就是一種面對自己和接納自己的修行。來吧，加入書寫，與過去的自己分享，與未來的自己分享，書寫不僅僅是一種記錄，更能夠說明自己、梳理思緒。往往我們被情緒繚繞，都是因為被自己混沌模糊的思緒所捆綁，而書寫在梳理的過程中，讓自己不斷地清晰自我，明白自己心的呼籲，情緒也會在書寫的梳子下理順，得到療癒。

還記得美國大片《大亨小傳》嗎？丟掉別人的眼光，放下自己的憂慮，安安心心地開始執筆書寫，跟自己對話，與心溝通，書寫給自己。從「我記得……」開始，至少我們要在深處的迷亂中做個堅強的小人物，在陰鬱的夜中做個自由的舞者，盡情揮灑我們的生命，真真切切地感受這一切，不論是快樂還是苦痛，不再欺騙自己，不再選擇遺忘，不再選擇逃跑，面對它，接受它，處理它，放下它，書寫它。

延伸閱讀

一・聖嚴法師：《心在哪裡？聖嚴法師西方禪修指導》（*Finding the Mind：Chan Master Sheng Yen's Teachings in the West*），法鼓山國際編譯組譯，法鼓文化，2011。

本書是聖嚴法師於八〇年代在美國指導禪法時，所做的關於禪法實修和禪修心態的開示，內容分為四大類：（一）需要修行嗎？（二）禪修之路；（三）路上風光；（四）本來面目。從如何發現煩惱心、如何展開禪修道路、掌握禪修的必備條件、禪修道路上的四大障礙、觀空五層次的歷程，到明白原來萬法唯心造。將煩惱心轉為智慧心，直至無心可覓，聖嚴法師為禪者指出最安全無陷阱的修心方向。

二・余德慧：《生命夢屋》，張老師文化，2010。

夢是「生命的睡屋」。生命裡頭一切的記憶與情緒，都在睡覺裡被關在夢裡頭。入眠的時候，就好像把睡屋的門上了鎖，外在世界的風風雨雨就留在外頭，而生命裡曾經走過的一切全部依著腦幹的指揮棒，跌跌撞撞地闖入那能夠看、能夠想的腦海裡。

三．余德慧：《臺灣巫宗教的心靈療遇》，心靈工坊，2006。

在乩童的堂口，裊裊香煙撫慰了人世間許多悲歡離合的複雜心緒，當巫者搖頭晃腦迎接神明附身，便將求者引入一個非現實的、如夢的惦念空間，在這裡，生者與死者再度見面說話，過往的恩怨情仇可以釋放和滑動，為心靈療遇創造出種種豐富內涵。本書為余德慧教授與其他研究者共同撰寫的論文集，主題包括：台灣巫宗教的田野反思、民間宗教虔信者的「啟蒙神學」、從俗智的啟蒙到心性倫理、從巫現象考察牽亡的社會情懷、從靈知象徵領域談哀傷的抒解等。相信這些根植於民間巫宗教和心靈文化的深入體察，將有助於華人心理治療的本土紮根和發展。

四．余德慧：《情話色語》，張老師文化，2010。

情識是人類瞭解世界的根本方式，然而情識是避不開對身體的觀看：嬰兒與母親是以身體相伴的情識；但是身體的相伴卻不是通常瞭解的情慾或愛慾，反而是比較接近「喜歡」。情人在一起，性愛固然是其中的一個部分，卻不具有「在一起」的根本性，情人「在一起」，身體的相伴與情識是分不開的。人類在文化的發展中，並沒有忽略這點，卻把情與色分解成兩個領域，而又讓情色互相哀求在一起，使得我們在情色的世界寸步難行。

五・呂欣芹、方俊凱：《我是自殺者遺族》，文經社，2008。

實際上，人們因為有愛，所以悲傷。因為心軟，所以容易受傷，這就是生命的厚度，也就是對生命事件真實的回應。專家與遺族這雙重角色的結合並不容易，因為這個社會很難容忍一位「專家」有脆弱、悲傷的一面？如何保留脆弱與悲傷，再幻化成一種柔軟與慈悲，這才是真實的人生，也才是有效的生命教育。這本書說出自殺者遺族的悲傷，傳達了如何幽谷獨行或伴行的訊息，對自殺者遺族，能達到療傷止痛的目的；對一般讀者，也能提供一個重新檢視生命意義的另類角度。

六・愛麗絲・米勒（Alice Miller）：《幸福童年的秘密》（*Das Drama des begabten Kindes*），袁海嬰譯，天下雜誌，2004。

童年的成長經驗，對成人生活的影響無可言喻。父母對子女的負面影響，除了暴力之外，其實還包括心理控制。父母的性格與教育方式，尤其扮演了決定子女一生快樂與否的重要關鍵。為什麼許多非常成功的人，深受空虛和孤獨的折磨？這本深刻而充滿洞察力的書，為成千上萬的讀者提供了答案，並幫助他們改變了自己的生活。

七・克莉絲汀・寇威爾（Christine Caldwell）：《身體的情緒地圖》（*Getting our bodies back : recovery, healing, and transformation through body-centered psychotherapy*），廖和敏譯，心靈工坊，2004。

我們的身體裡鎖著情緒的密碼，為了不想面對不愉快的經驗或創傷，我們時常利用不同的方式與身體的感覺隔離。例如坐在電視機前暫時麻醉自己，或者藉繁忙的工作、刺激的娛樂，甚至煙、酒、賭博或毒品等來逃離痛苦的感覺。

八・伊東明：《愛，上了癮：撫平因愛受傷的心靈》（*Love Addiction：You Can Find the True Love，Heal Your Past Unfulfilled Love and Pain*），廣梅芳譯，心靈工坊，2004。

本書作者伊東明博士指出，愛情就像毒品，很容易讓人上癮，而失去重心。譬如，有些人愛上花心大羅蔔，卻不肯離開，有些人的伴侶會酗酒、賭博、甚至對自己暴力相向，當事人卻還是深深依戀對方，明知身陷泥沼中卻不肯自拔。難道她／他們不願意追求幸福嗎？其實，這都是患了「愛情上癮症」。

九・艾倫・狄波頓（Alain de Botton）：《我談的那場戀愛》（*Essays in Love: a novel*），林説俐譯，先覺，2001。

狄波頓在這本自傳式的小説中，細述一段情緣中的邂逅、迷戀、平凡中的幸福、熟悉後的倦怠、女友移情別戀（很不幸，情敵竟是自己介紹的）、試圖挽回無效、自殺、醒悟，以至於一段情完全成為過去。他認真思辯自己的感覺，忠實記下與女友交往中的各個細節，特別是心理與哲學層面的思考。透過作者觀察入微、瑣碎卻充滿趣味性的描述，我們見證了一段幾乎不朽但畢竟無法脫俗的愛情故事。本書文字生動、處處機鋒、不僅有極大的閱讀樂趣，閱畢更令人回味無窮。

國家圖書館出版品預行編目（CIP）資料

以愛之名：旅行的自我療癒 / 胡俊鋒作. -- 初版. --
臺北市：信實文化行銷, 2013.08
面； 公分. --（What's vision ; 31）
ISBN：978-986-6620-97-3（平裝）
1. 臺灣遊記
2. 旅遊文學

733.69 102015550

What's Travel 005

以愛之名：旅行的自我療癒

作　　者　胡俊鋒
總 編 輯　許汝紘
副總編輯　楊文玄
美術編輯　楊詠棠
行銷經理　吳京霖
發　　行　楊伯江
出　　版　信實文化行銷有限公司
地　　址　台北市大安區忠孝東路四段 341 號 11 樓之三
電　　話　（02）2740-3939
傳　　真　（02）2777-1413
www.wretch.cc/ blog/ cultuspeak
http://www. cultuspeak.com.tw
E-Mail　cultuspeak@cultuspeak.com.tw
劃撥帳號　50040687 信實文化行銷有限公司

印　　刷　彩之坊科技股份有限公司
地　　址　新北市中和區中山路二段 323 號
電　　話　（02）2243-3233

總 經 銷　聯合發行股份有限公司
地　　址　新北市新店區寶橋路 235 巷 6 弄 6 號 2 樓
電　　話　（02）2917-8022

2013 年 8 月 初版
定價　新台幣 320 元